D1289767

Ot la-Ba'ot

אוֹת לַבָּאוֹת

A Better Hebrew Primer

Jane Golub, Joel Lurie Grishaver & Alan Rowe*
based on original work by Rabbi Yosi Gordon
Illustrated by Jackie Urbanovic, Patrick Girouard,
Allan Eitzen, with computer designs by Alan Rowe

*Daber Ivrit essays
by Tamar and
Micah Raff

מורה

Every Jew has a Hebrew
name. If you do not know
what your Hebrew name is,
now is the perfect time to find
out!

Your teacher will help you
write your name in Hebrew
on this line.

שְׁמִי

_____

Draw or paste a picture of yourself here.

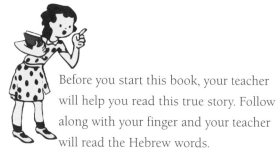

Before you start this book, your teacher will help you read this true story. Follow along with your finger and your teacher will read the Hebrew words.

מָהִיר

אֲבִי

שָׁלוֹם.

I am a כֶּלֶב (dog).

My name is מָהִיר (Mahir).

I belong to אֲבִי (Avi).

At first I used to bark like an ordinary dog. I said, "Bow wow," "Woof" and "Arf."

Then אֲבִי taught me that Hebrew-speaking dogs say, "הַב."

Now I say,

"הַב הַב הַב הַב הַב הַב הַב."

ISBN #1-891662-01-5

Copyright © 2000 Torah Aura Productions. Second Edition

SECOND EDITION © 2006.

All rights reserved. No part of this publication may be reproduced or transmitted in any form or by any means graphic, electronic or mechanical, including photocopying, recording or by any information storage and retrieval system, without permission in writing from the publisher.

TORAH AURA PRODUCTIONS • 4423 FRUITLAND AVENUE, LOS ANGELES, CA 90058
(800) BE-TORAH • (800) 238-6724 • (323) 585-7312 • FAX (323) 585−0327
E-MAIL <MISRAD@TORAHAURA.COM> • VISIT THE TORAH AURA WEBSITE AT WWW.TORAHAURA.COM
MANUFACTURED IN MALAYSIA

Meet the שׁ (Shin)

LESSON 1A

Your teacher will help you meet these שׁ words. Learning to say these words now will help you to read them later. You will add letters and vowels week by week.

שִׁין

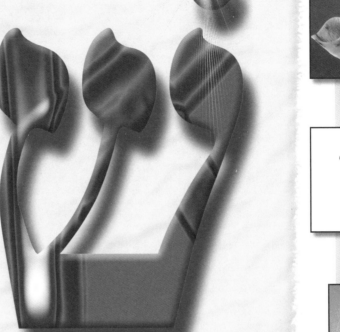

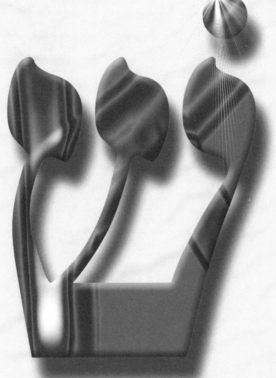

The name of this letter is שִׁין. It was once a picture of a tooth.

שָׁ is called קָמַץ (kammatz)
שָׁ sounds like SHA

שַׁ is called פַּתַח (patah̲)
שַׁ sounds like SHA

שׁוֹפָר

שָׁלוֹם

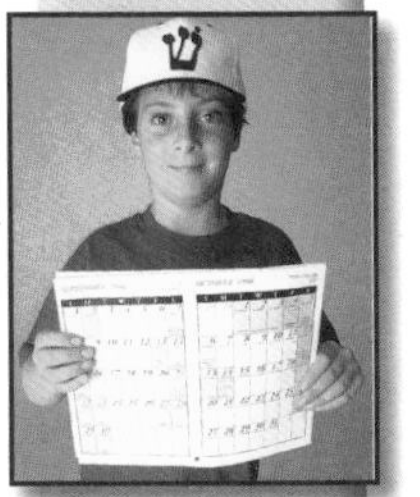

שָׁנָה

שַׁבָּת

שֻׁלְחָן

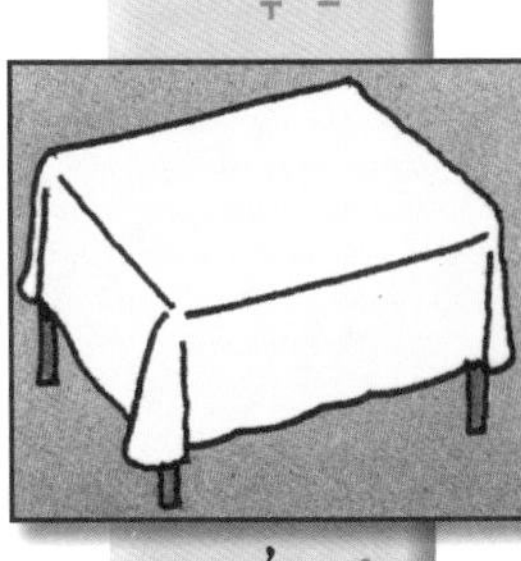

אבּבגדהוזחטיכּכךלמםנןסעפּפףצץקרשׁשׂתּת

When אֲבִי wants you
to be quiet, he says שָׁה.
When I want you
to be quiet, I also say שָׁה.

שָׁה

1. שָׁה שָׁה שָׁה שָׁה שָׁה שָׁה
2. שָׁה שָׁה שָׁה שָׁה שָׁה שָׁה
3. שָׁה שָׁה שָׁה שָׁה שָׁה שָׁה

Hebrew reads from right to left.
The yad will point the way.

שָׁה = שָׁ

Cross out the sounds in each line
that *doesn't* mean "be quiet."

4. שָׁה שָׁה שֶׁה שָׁה
5. שָׁה שְׁה שָׁה שָׁה
6. שִׁה שָׁה שָׁה שָׁה
7. שָׁה שָׁה שָׁה שֻׁה

Can you sound this out?

8. שָׁ שָׁה שָׁ שָׁה שָׁה שָׁ שָׁה שָׁ שָׁה
9. שָׁה שָׁ שָׁ שָׁה שָׁ שָׁה שָׁה שָׁ שָׁשָׁ

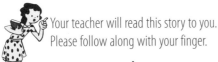

3
שָׁלשׁ

Your teacher will read this story to you. Please follow along with your finger.

אֲבִי

מָהִיר

הַב!
מָהִיר

I am a כֶּלֶב.
I belong to אֲבִי.
My name is מָהִיר.
I am usually a good dog,
except when I bark.
I bark A LOT.
It drives the neighbors crazy.
Mr. Gold shouts, "Quiet!"
I keep barking.
Ms. Mazal screams, "Stop that noise!"
I keep barking.
Moshe yells, "Bad dog!" I bark louder.
Then אֲבִי or D'vorah or Dola says, "שָׁה!"
And I stop.
I am just a dog who loves Hebrew.
I am a real Hebrew-speaking dog.

D'vorah
שָׁה!
אֲבִי
Dola

דַּבֵּר
עִבְרִית

1. שְׁמִי אֲבִי

2. שְׁמִי מָהִיר

Your teacher will help you read and act out this box.

Write your own name here.

3. שְׁמִי ______________________

Lesson 1A ends here.

LESSON 1B

4
אַרְבַּע

Before you begin this lesson your teacher may want to see how many of the שׁ words you remember from your last session.

Practice these sounds.

.1 שָׁ שָׁה שָׁה שָׁ שָׁשָׁ שָׁה שָׁ שָׁה

.2 שָׁה שָׁה שָׁשָׁ שָׁה שָׁה שָׁשָׁ שָׁה שָׁ

.3 שָׁה שָׁ שָׁשָׁ שָׁה שָׁ שָׁה שָׁה שָׁשָׁ

Can you sound out these combinations?

.4 שָׁה שַׁ שַׁה שָׁ שַׁ

.5 שָׁ שַׁה שָׁה שַׁ שָׁה

.6 שָׁ שַׁה שָׁה שַׁ שָׁ

.7 שָׁה שַׁה שַׁ שָׁ שַׁה

שָׁה = שָׁ = שַׁה = שַׁ
שָׁה

Print some "shpectacular" שׁ letters.

4
1
3

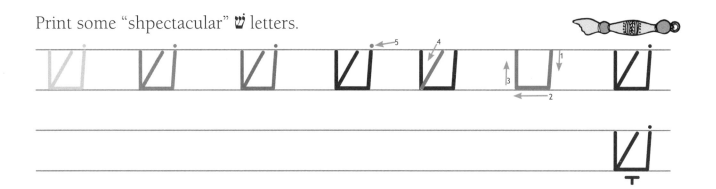

Group 2 | Group 1 | Group 3 | Group 4

All these penguins have Hebrew sounds on their "T-shirts." Say each sound and circle the one that is different in each group of penguins.

Shabbat in Israel

דַבֵּר עִבְרִית

Shalom, my name is Micah. I am a regular American Jewish kid. When I was in the fourth grade, my whole family moved to Israel for a year.

Jews celebrate Shabbat in most cities all around the world, but there is one city that really celebrates Shabbat, Jerusalem. As I walk home from school early Friday afternoon, I see the streets filled with people hurrying to get everything done in time. Men and women are rushing from store to store with their arms full juggling flowers, fresh fruit, candy and newspapers.

Everyone wants their special hallah and a piece of cake to make Shabbat sweet. Imma's favorite baker, Raffi, always yells, "Shabbat Shalom" as I walk by. Everywhere you hear the greeting "Shabbat Shalom", shopkeepers to customers and friends.

As soon as I get home, I have to clean my room and help with some of the other organizing jobs in our apartment. If I work really fast, I have enough time to go out and play. I love to be outside and feel the "Shabbat change." One minute the city is rushing, and then all of a sudden the rushing is over. The streets are practically empty, the buses stop running and I can hear the siren, which signals Shabbat.

Every Friday night, before dinner, we went to our synagogue. Each week the same people were there, and it did not take me long to get to know all of the boys who came with their families.

My family's life, like the city itself, revolved around Shabbat. As soon as Shabbat was over, we would discuss whom we would invite next week. We also discuss the Shabbat menu. Everyone gets to pick a favorite food for Shabbat dinner. It is a tradition in my family to drink coca-cola on Friday night, something that is not permitted during the week. We also rarely have dessert, but on Shabbat we have all sorts of delicious desserts.

שַׁבָּת

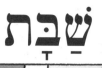

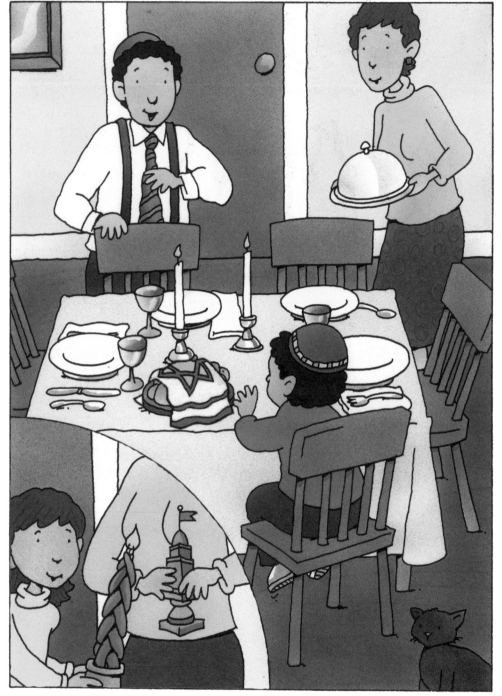

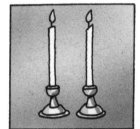

חַלָּה

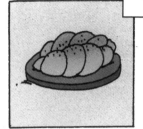

נֵרוֹת

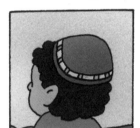

כִּפָּה

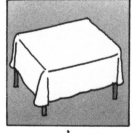

שֻׁלְחָן

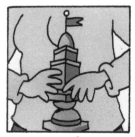

בְּשָׂמִים

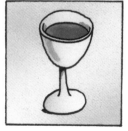

כִּסֵּא

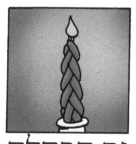

נֵר הַבְדָּלָה

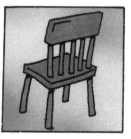

יַיִן

7

Practice these words by saying the Hebrew name of items used on Shabbat.

.1

.2

.3

.4

.5

.6

.7

עֲצֹר!

.8

Meet the בּ (Bet)

Your teacher will help you meet these בּ words. Learning to say these words now will help you to read them later.

בֵּית

The name of this letter is בֵּית.
It was once a picture of a house.

בַּיִת

בֵּית כְּנֶסֶת

בִּימָה

בֵּיצָה

א בּ ב ג ד ה ו ז ח ט י כּ כ ך ל מ ם נ ן ס ע פּ פ ף צ ץ ק ר שׁ שׂ תּ ת

בָּ

בָּ sounds like **BA**

Now practice and practice again.

1. בָּ בָּ בָּ בָּ בָּ בָּ בָּ בָּ בָּ בָּ בָּ
2. בָּה בָּה בָּה בָּה בָּה בָּה בָּה בָּה בָּה
3. בַּ בַּה בַּ בַּה בַּ בַּה בַּ בַּה
4. בָּ בַּ בַּ בָּה בַּה בַּ בָּה בַּה שָׁה
5. בָּה בַּשׁ שַׁבָּ בַּבָּ בָּה בַּשׁ בַּבָּ שַׁבָּ
6. בָּ שָׁ בָּשָׁ שָׁ שָׁבַּ בַּבָּ בָּה בַּשׁ שָׁשׁ
7. שָׁ שַׁה בָּה שַׁה שָׁ שַׁה בַּשׁ
8. בָּשָׁה שַׁבָּה בַּבָּה שָׁבָּה בָּשַׁה שַׁבָּה בַּבָּה

Careful!

Your turn. Print some beautiful בּ letters.

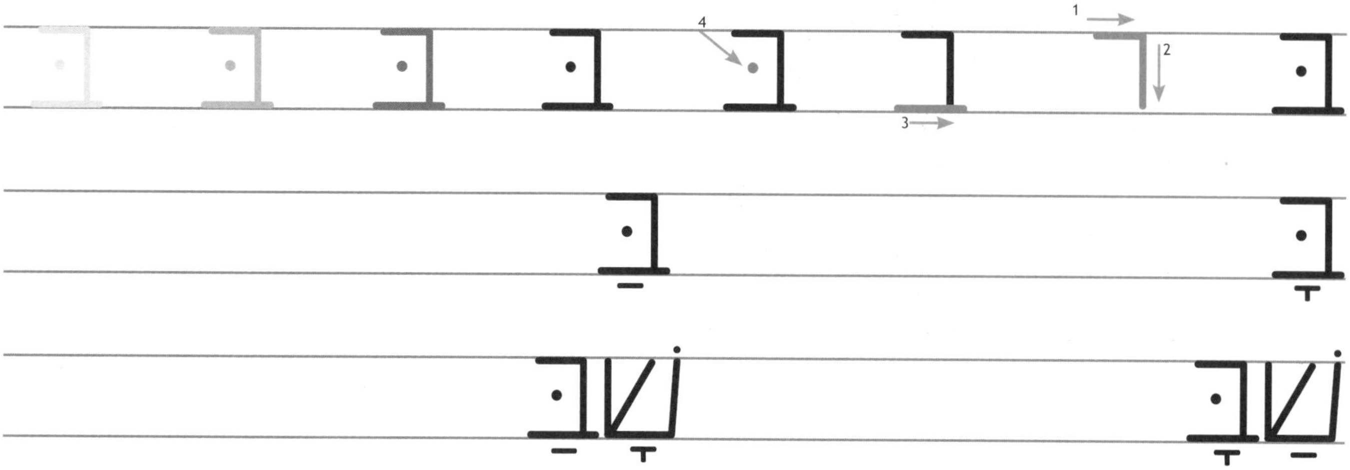

Step 3
Step 2
Step 1

Cross out all the sounds that don't match the first one.

1.	שַׁ	שָׁ	~~בָּ~~	שַׁה	שַׁה
2.	בָּ	בָּ	בַּה	שַׁ	בָּה
3.	שַׁה	שָׁ	שָׁה	בָּה	שַׁה
4.	בָּה	בָּה	שַׁ	בַּ	בָּה
5.	בָּשׁ	בָּשׁ	בָּשָׁ	בָּשׁ	בַּשׁ
6.	שַׁבּ	שַׁה	שָׁבּ	שַׁבּ	שַׁבּ
7.	שַׁבָּ	שַׁבָּה	שָׁבָּ	בַּשָׁה	שָׁבַּה

SAY IT!

1. שָׁ שַׁ שָׁה שַׁה
2. בָּ בַּ בַּה בָּה
3. שָׁבָּ שַׁבָּ שָׁבַּ שַׁבַּ
4. בָּשָׁ שַׁה בָּשַׁה בַּשַׁה
5. שָׁ בָּ בָּבָּ שָׁשָׁ בַּבָּה שָׁשַׁה שַׁבָּ
6. שַׁ בַּ בָּשָׁ בָּשַׁ שַׁשׁ בַּשׁ בָּה
7. בָּה שָׁה בַּה שַׁה בָּשָׁה בַּבָּ בַּ
8. שָׁבַּה בַּבָּה שַׁבָּה בָּשָׁה בַּבָּה שַׁבָּ בָּשַׁה
9. שַׁבָּה שָׁבָּה בַּבָּה בַּשַׁה שַׁבַּה בָּבַּשׁ בַּשׁ

How good are you at guessing? We haven't learned one of these letters yet, but I bet you can read this word.

שַׁבָּת

עֲצֹר!

This might be a great time to take out the vocabulary posters and see how many words you remember.

Meet the תּ (Tav)

תָּו
תּ

תּ
sounds like
TA

Your teacher will help you meet these תּ words. Learning to say these words now will help you to read them later.

תּוֹרָה

תְּפִילִין

תַּפּוּחַ

א בּ ב ג ד ה ו ז ח ט י כּ כ ך ל מ ם נ ן ס ע פּ פ ף צ ץ ק ר שׁ שׂ תּ ת

◌ָ ◌ַ ◌וֹ ◌ִ ◌ִי ◌ְ ◌ֲ ◌ֵ ◌ֶ ◌ֱ ◌ֵי ◌ָי ◌ַי ◌וּ ◌ֻ ◌ֹ ◌ֳ

שְׁלֹשׁ עֶשְׂרֵה

תּ = ת

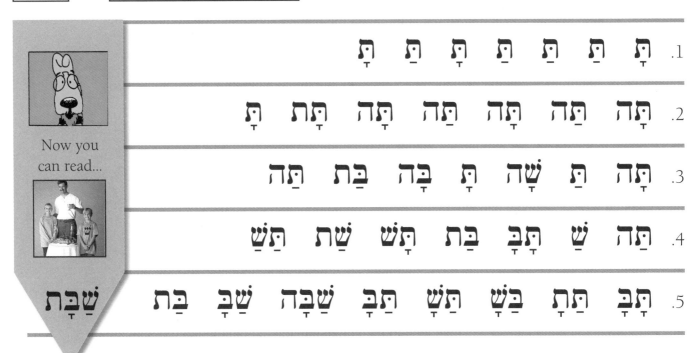

Now you can read...

שַׁבָּת

1. תָּ תַּ תַּ תַּ תָּ תַּ תָּ
2. תָּה תַּה תָּה תַּה תָּה תָּת תָּ
3. תָּה תַּ שָׁה תָּ בָּה בַּת תַּה
4. תַּה שַׁ תָּבָ בַּת תָּשׁ שַׁת תַּשַׁ
5. תָּבָּ תַּתָּ בַּשָׁ תַּשָׁ תַּבָּ שַׁבָּה שַׁבָּ בַּת

Now print some terrific תּ letters.

Step 3 Step 2 Step 1

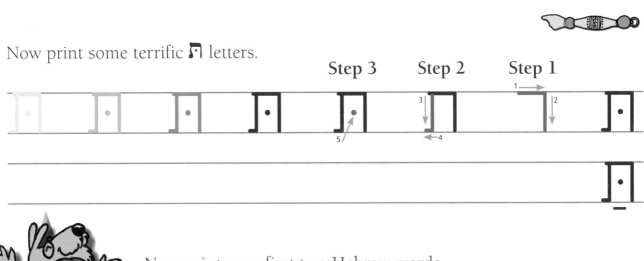

תַּ

Now print your first two Hebrew words.

בַּת

שַׁבָּת

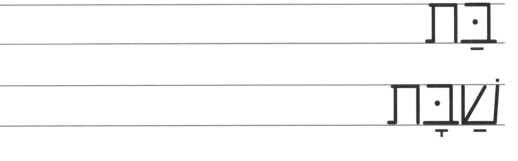

Circle the words that say Shabbat:

.1	שַׁבָּת	שַׁבַּת	שַׁבָּת
.2	שַׁבָּה	תַּבָּשׁ	שַׁבָּת
.3	שַׁבַּב	שַׁבָּת	שַׁבַּה
.4	שָׁשַׁת	שַׁתָּב	שַׁבָּת

Can you name all of these שַׁבָּת things?

1
2
3
4
5
שַׁבָּת

שַׁבַּת שָׁלוֹם!

You don't know all the letters in the second word yet. Can you guess what שׁ word goes with שַׁבָּת?

Do you know the story of Robinson Crusoe?
It is the story of a man alone on a desert island.
Here is a surprise. Robinson Crusoe is one of the reasons that we speak Hebrew today.
עִבְרִית means "Hebrew."
בְּעִבְרִית means "In Hebrew."

Avi's Story

as told by מָהִיר

On this page Mahir will tell you another chapter in Avi's life. Your teacher will read the story to you. Follow along with your finger.

When אֲבִי was a boy he wanted to be a rabbi.
He was studying in a school called a Yeshivah.
In those days people studied Torah בְּעִבְרִית.
And people prayed to God בְּעִבְרִית.
But no one spoke about everyday things בְּעִבְרִית.
One שַׁבָּת he went to dinner at the house of Rabbi Joseph Blucker.
Rabbi Blucker had the biggest collection of books אֲבִי had ever seen.
He was also very modern.
They talked and אֲבִי asked Rabbi Blucker to be his teacher.
They studied modern things together until one day Avi's uncle found out.
He was angry that אֲבִי was not in Yeshivah all the time.
He was angry that אֲבִי was studying the wrong things.

עֲצֹר!

He made אֲבִי leave that Yeshivah and go home.
Rabbi Blucker gave אֲבִי a going away gift.
It was a book written בְּעִבְרִית.
It was not the תּוֹרָה. It was not the סִדּוּר.
It was the story of Robinson Crusoe.
In the book Robinson Crusoe was רוֹבִּינְסוֹן קְרוּסוֹ.
In the book the hero spoke בְּעִבְרִית.

אֲבִי said, "I want to be like Robinson Crusoe.
אֲנִי מְדַבֵּר רַק עִבְרִית.
That means
'I speak only Hebrew.'
Even if I have to live alone
on a desert island–
אֲנִי מְדַבֵּר רַק עִבְרִית.

Meet the ל (Lamed)

Your teacher will help you meet these ל words. Learning to say these words now will help you to read them later.

לָמֶד

Long before the tractor,
donkeys or oxen used to pull plows.
I hate to say this about my fellow animals,
but donkeys and oxen can be very stubborn.
So farmers would carry a long, crooked stick
to poke them (not too hard–
we can't be cruel to animals).

That stick was called a לָמֶד. It gave us the name
and shape of our newest letter.

לוֹ
is called
חוֹלָם.

לוֹ
sounds like
LO.

לוּלָב

לֵב

לֶחֶם

לוּחַ

אבּבגדהוזחטיכּכךלמםנןסעפּפףצץקרשׁשׂתּת

Avi loves ל, especially when he sings on שַׁבָּת.

לָה לָה לָה לָה לָה לָה

לָ sounds like LA

Practice these sounds and words.

1. לָ לַ לָה לַת לַשׁ לָה לָה
2. לָה בַּל בַּת תָּל שַׁל לָה לָה
3. שָׁלָ לַשָׁ תָּבָּ בַּתָ לַלָ לָה לָה
4. לַבָּת לַבָּשׁ בַּבָּל בָּשָׁל בַּבָּשׁ לָה לָה
5. לָלָה שָׁלָה שַׁבָּל שַׁבָּת שָׁתָל לָה לָה
6. לַ בַּת לַבַּת לָה לָה
7. שַׁ בָּת שַׁבָּת לָה לָה
8. שָׁ תַל שָׁתַל לָה לָה

לוֹ = לוֹא

1. לוֹ לוֹא בּוֹ בּוֹא

2. בּוֹ שׁוֹ לוֹ תּוֹא

3. תּוֹ בּוֹא לוֹא לוֹ

4. שׁוֹא תּוֹא לוֹ בּוֹ

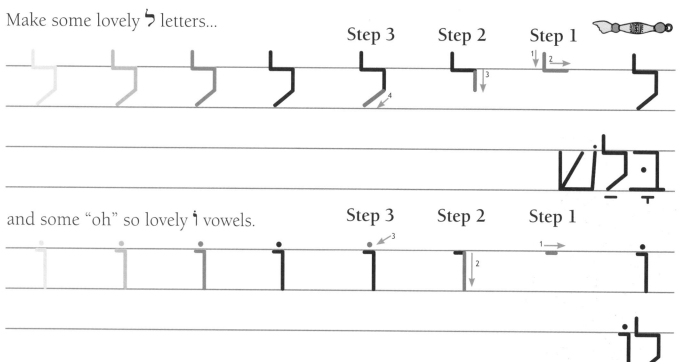

Make some lovely ל letters...

Step 3   Step 2   Step 1

בְּלָשׁ

and some "oh" so lovely וֹ vowels.

Step 3   Step 2   Step 1

לוֹ

Try these sounds and words.

1. לָ לָה לוֹא לַה לַ לוֹא
2. לוֹ לוֹא בּוֹא בּוֹ שׁוֹ שׁוֹא לוֹא
3. תָּ תּוֹ תָּה בַּת לַב תּוֹל בּוֹל
4. שׁוֹ תָּה שׁוֹתָה בּוֹ שָׁה בּוֹשָׁה שׁוֹשָׁה
5. תּוֹ לָה תּוֹלָה בַּ לָשׁ בַּלָשׁ בּוֹלָשׁ
6. שַׁבָּת בַּ שַׁ בָּת בַּשַׁבָּת

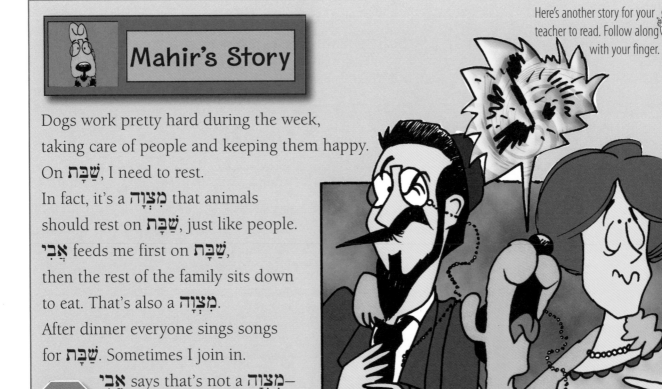

Mahir's Story

Here's another story for your teacher to read. Follow along with your finger.

Dogs work pretty hard during the week,
taking care of people and keeping them happy.
On שַׁבָּת, I need to rest.
In fact, it's a מִצְוָה that animals
should rest on שַׁבָּת, just like people.
אַבִי feeds me first on שַׁבָּת,
then the rest of the family sits down
to eat. That's also a מִצְוָה.
After dinner everyone sings songs
for שַׁבָּת. Sometimes I join in.
אַבִי says that's not a מִצְוָה–
that's noise.

This would be a perfect time to take out the posters and review all the words you've learned.

לָ = לָה = לָא

Now practice this!

1. לָ לָא לָה בּוֹא תָּא שׁוֹ
2. בָּא בַּת שָׁא שׁוֹא תּוֹא לָא
3. תַּ תּוֹ תָּל תּוֹל בּוֹ בָּא
4. לָבּוֹא שַׁבָּשׁ תַּבָּל בּוֹא לוֹא

Cross out all the sounds that don't match the first one.

.5	שָׁה	~~שָׁת~~	שָׁ	שָׁא	שַׁה
.6	תָּה	תַּ	תָּה	תַּת	תַּא
.7	בָּשָׁ	בַּשָׁ	בָּשׁ	בָּשַׁ	בַּשַׁ
.8	תָּבָּ	תַּבַּ	בַּתָּ	תָּבָּ	תַּבַּ
.9	שַׁבָּת	שָׁבָּה	שָׁבַּת	שַׁבַּת	שַׁבָּת

Practice printing these sounds.

_____	שָׁת	_____	בָּשׁ	_____	בַּת
_____	שָׁשׁ	_____	בַּב	_____	תָּת
_____	לָשׁ	_____	לַבּ	_____	תָּל

דַּבֵּר עִבְרִית In an Israeli Classroom

There were forty kids in my class, and we sat at desks in rows. We called our teacher by her first name, which was cool. School started at 8:00 a.m. and was over at 1:00 p.m. At 10:00 in the morning, we didn't just have recess, but a snack called the 10 o'clock meal, usually a sandwich and a piece of fruit.

At my school, there were four classes of fourth grade. The same kids had been together in the same class since the first year of school. This astounded me. The same kids in your class every year! Of course, they were already close friends. As soon as I got out on the playground and joined in the soccer game, I made friends and they made me feel welcome.

When we wanted to speak in the classroom, we never raised our whole hand, we raised just one finger. Israeli kids are pretty sure of themselves, and not shy at all. Sometimes, this gets them in trouble. If you get in serious trouble, you are sent to the principal's office.

Nature study is important in Israel. Once a week, we had an agriculture class. That was my favorite. We brought home the vegetables we cared for. I brought home an eggplant the size of a watermelon!

Micah

הַכִּתָּה

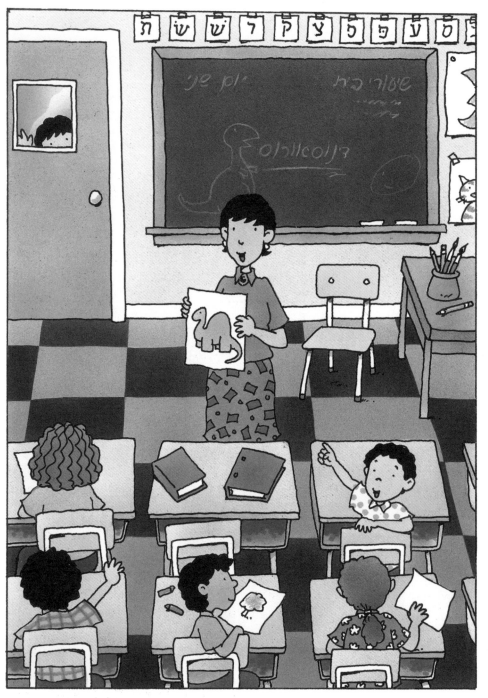

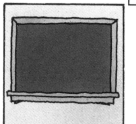

לוּחַ

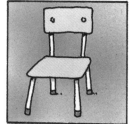

כִּסֵּא

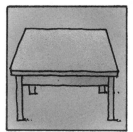

שֻׁלְחָן

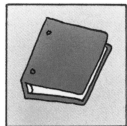

מַחְבֶּרֶת

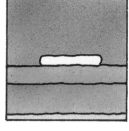

גִּיר

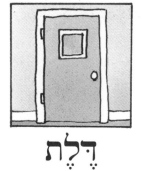

עִפָּרוֹן

סֵפֶר

דֶּלֶת

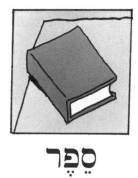

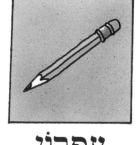

Practice these classroom words.

       .1

       .2

       .3

       .4

       .5

       .6

       .7

עֲצֹר!   **.8**

Meet the מ (Mem)

LESSON 4A

Your teacher will help you meet these מ words.

מֵם

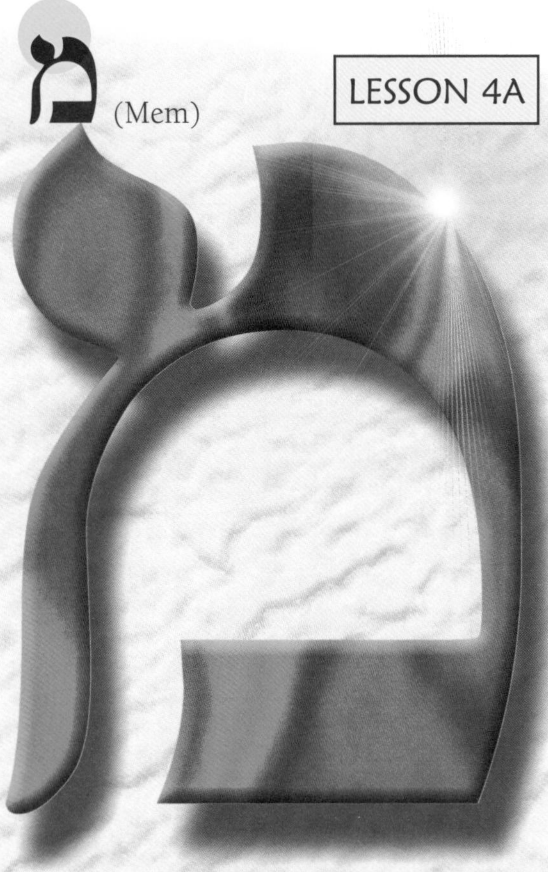

מָ sounds like MA

מִ is called חִירִיק.
מִ sounds like ME

Long ago letters were pictures.
The בּ was a picture of a house.
The ל was a stick to prod oxen.
The מ was a picture of water.
(In Hebrew water is מַיִם.)

מְגִלָּה

מְזוּזָה

מַצָּה

מֹשֶׁה

מוֹרָה

א בּ ב ג ד ה ו ז ח ט י כּ כ ך ל מ ם נ ן ס ע פּ פ ף צ ץ ק ר שׁ שׂ תּ ת

◌ָ ◌ַ ◌וֹ ◌ֹ ◌ִי ◌ִ ◌ֵי ◌ֵ ◌ֶ ◌ֶי ◌ְ ◌ֲ ◌ֳ ◌ֱ ◌וּ ◌ֻ

ם

(Mem Sofit)

ם
מ

Help your teacher read about the ם.

How could both מ and ם be a מֶם?
Because this ם comes
ONLY at the end of a word.
Like in שָׁלוֹם.
It is a מֶם סוֹפִית.

This מ comes in the beginning
or middle of a word.
It is just called a מֶם.

מְ מְ מְ מְ מְ מְ מְ מְם

Practice these words and sounds.

1. מַה מָה מוֹ מַ מָ מוֹא מָא מוֹ לוֹא
2. בָּם לַם בּוֹם לוֹם שָׁם שׁוֹם תָּם בָּלָה
3. שָׁל מָשַׁל בָּלַם תּוֹם שַׁבָּת בָּם
4. תָּם שָׁמַם מוֹם לָמָה שַׁם מַמָּשׁ
5. לָלָה שָׁלָה שַׁבָּל שַׁבָּת שָׁתָל
6. בַּת לַבַּת בַּבַּת בַּשַׁבָּת שַׁבַּת שָׁלוֹם

Now you can read...

שָׁלוֹם

Play Tic Tac Toe with a friend. If you say the sound correctly, you may mark it X or O.

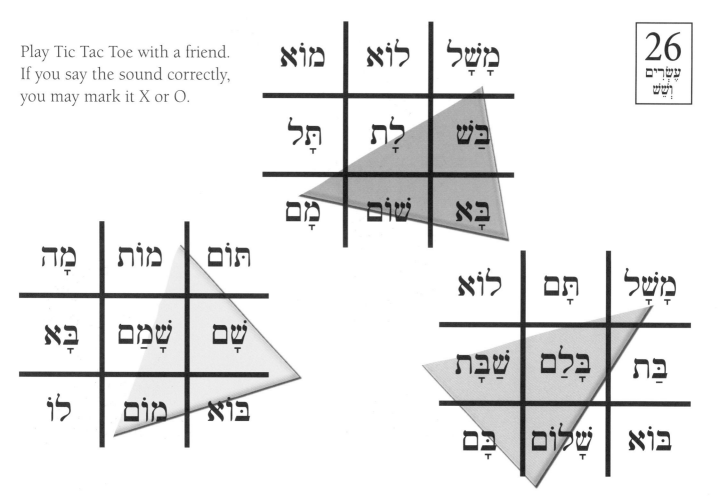

מוֹא	לוֹא	מָשָׁל
תָל	לָת	בַּשׁ
מָם	שׁוֹם	בָּא

מָה	מוֹת	תּוֹם
בָּא	שָׁמַם	שָׁם
לוֹ	מוֹם	בּוֹא

לוֹא	תָם	מָשָׁל
שַׁבָּת	בָּלַם	בַּת
בָּם	שָׁלוֹם	בּוֹא

Now practice these words and sounds.

1. מַ תָא בּוֹא מוֹ שָׁא מָ שָׁל
2. לָשׁ לוֹ מוֹל בַּם שָׁם מָשָׁל
3. תָם תּוֹם בָּלַם בָּם מָה בָּלַם
4. שַׁ בַּת שַׁבָּת שָׁלוֹם לוֹא תָלָה
5. שָׁמַם שָׁתַל שָׁתָה תָם מוֹם

Step 3   Step 2   Step 1

Step 4

Your turn. Print some marvelous מ letters.

שָׁלוֹם (peace) is very important to Jews. So print it twice!

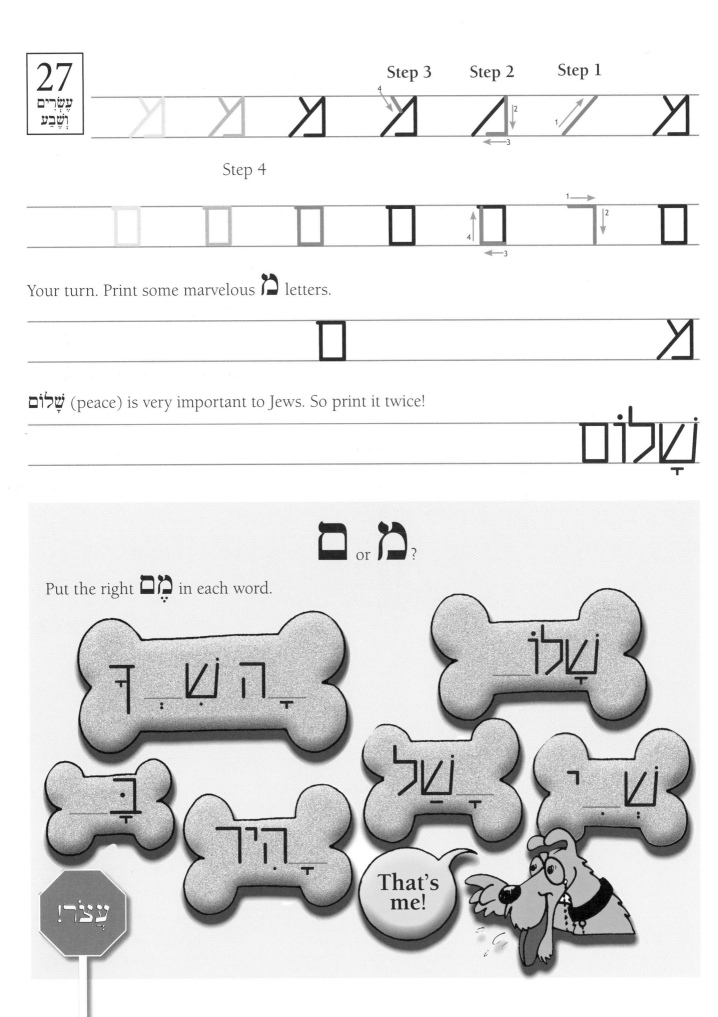

ם or מ?

Put the right מֵם in each word.

הַשָּׁ_ָד

שָׁלוֹ_

בִּ_

הִ_יד

_שָׁל

שִׁ_ד

That's me!

עֲצֹר!

שִׁ מִ בִּ תִּ לִ

Now we can learn the tiniest vowel.

Here it is: ִ

It goes under its letter like this:

בּ

שִׁ = שִׁי

מִ = מִי

בִּ = בִּי

תִּ = תִּי

לִ = לִי

Sometimes it is followed by the tiniest letter, like this: ִי.

ִ is called a חִירִיק.
שִׁי sounds like SHE.

1. מִי בִּי בִּיתִי מִמִּי תַּמִּי מִשָּׁם מִיתָה

2. בִּים בַּם שִׁשִּׁי שִׁשִּׁים שָׁלוֹשׁ בִּימָה בַּלָּשׁ

3. מִיתוֹת בִּילָה לִבִּי מִילָה בִּימַת בַּת לָמָּה

4. בָּמָה בָּמוֹת בִּיתִי שָׁמָּה בִּימוֹת בַּלָּשׁ תָּם

5. שָׁל לָשׁוֹת לִימוֹת מִלּוֹת שַׁמָּשׁ שַׁבַּת שָׁלוֹם

מִ means WHO?
know an owl in Israel who only says:

מִי מִי מִי

Cross out the sounds that don't rhyme.

1. מוֹ לוֹא שׁוֹא תוֹא בּוֹא ~~תָּא~~ לוֹ בָּא
2. לָה בִּי בָּא תִּה שִׁ מִי בּוֹ בִּים
3. בְּלִי תַּלִי לְלִי שְׁלִי לְלָה בִּילִי מְלִי
4. בָּמָה שָׁמָה שָׁמָא שָׁמַם לָמָה תַּמָא בָּמַא
5. לוֹתוֹ לוֹתוֹא בּוֹתוֹ לוֹת תַּתָה לוֹבוֹ תוֹתוֹ

Your turn. Print some yummy י letters.

Step 2 Step 1

י י י י י י

לִבִּי שִׁישִׁי

בִּים מִילִים

Sound your way to Jerusalem in time for סֻכּוֹת.

א-ת

Finish

7. שַׁבָּת שָׁלוֹם

6. בָּמוֹת מִשָּׁם מִיתָה שָׁלוֹשׁ שַׁבָּת

5. לוֹא בָּלָם מָה תֹּם שָׂמְחָה

4. בִּיתִי מִיתָה מִמִּי מוֹת לָמָה שִׁשִּׁים

3. שָׁתַל בַּמָּה שָׁם מִילָה בִּימָה שִׁשִּׁי

2. שִׁשָּׁה בַּת מָשָׁל לוֹ לִבִּי בִּים תָּתָּה

1. תָּם תֹּם מוֹם מִי בַּל בָּם תָּת

Start

Your teacher will read the names of these Hebrew letters to you. Print the letter next to each word.

1. בֵּית ______
2. שִׁין ______
3. תָּיו ______
4. לָמֶד ______
5. מֵם ______
6. מֵם סוֹפִית ______

"Read" these lines below by naming the letters.

7. בּ שׁ ל ם תּ
8. תּ מ ם ל בּ
9. שׁ ל מ תּ ם
10. ל שׁ בּ מ תּ

Your teacher will help you read Avi's story.

Avi's Story as told by מָהִיר

אֲבִי doesn't talk a lot, at least not yet. As you learn more Hebrew, אֲבִי will talk much more. Because אֲבִי speaks only Hebrew. He knows other languages. But he took an oath to speak and write only Hebrew. Even to דְּבוֹרָה. And that's amazing. Because דְּבוֹרָה doesn't know Hebrew and דְּבוֹרָה is his wife!

עֲצֹר!

אֲבִי
דְּבוֹרָה

Meet the ד (Dalet)

Your teacher will help you meet these ד words.

דָּלֶת

The ד was originally the picture of a דֶּלֶת.
A דֶּלֶת is a door.

ְ is called **שְׁוָא** (Sh'va).
דְ sounds like "D"

דֶּגֶל

דֹּב

דְּבַשׁ

דֶּלֶת

אבּבגדהוזחטיכּכךלמםנןסעפּפףצץקרשׁשׂתּת

◌ָ ◌ַ ◌וֹ ◌ֹ ◌ִי ◌ִ ◌ְ ◌ֵ ◌ֶ ◌ֱ ◌ֵי ◌ָי ◌ַי ◌וּ ◌ֻ ◌ֹ ◌ֳ

Practice these sounds and words with a ד in them.

1. דָ דָה דְ דוֹ דִי דַ דוֹא
2. דוֹם דָם דַל דָמָה דָת דַה
3. שִׁידָה מִדָה מִדוֹת דוֹמָה
4. דָם בָּדָה דָתִי תּוֹדָה תּוֹדוֹת
5. דַשׁ לָמַד מַדִים תָּמִיד לוֹד
6. דוֹד דוֹדָה דוֹדִים דוֹדוֹת
7. דוֹדִי לִי דָשָׁה שָׁדַד מָדָד
8. מוֹדָה מוֹדִים דוֹלָה דָתוֹת

ד
דָלֶת

דוֹ sounds like DOE.

Your turn. Print some dynamic ד letters.

Step 2 Step 1

ד ד ד ד ד ד ד

דוֹד דוֹדִי

לָמַד דָם

When I sing on שַׁבָּת, אֲבִי doesn't like it.
He doesn't like to mix בִּים בַּם with הַב הַב.
So he says "שָׁה", or looks angry and says "מַהִיר"!
Sometimes he says the quietest vowel in the whole world.
(Not just in Hebrew–this is the quietest vowel in ANY language.)

This is a new vowel
It is called a שְׁוָא.

□ְ

Stretch lines to connect similar sounds.

דִּישְׁ	בַּת
מַתְ	שָׁל
תּוֹלְ	תַּל
שָׁלְ	דִּישׁ
תַּלְ	מַת
בַּתְ	תּוֹל

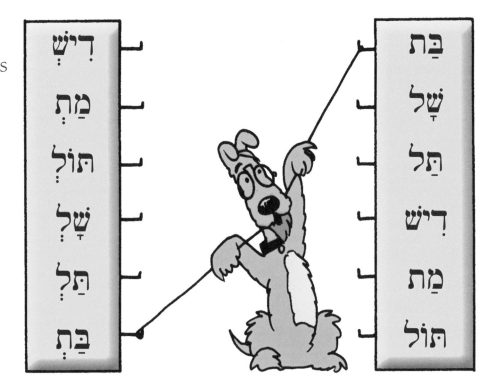

Start Here

דוֹדָה

בִּימָה

לִי

לָשׁ

מָה

בִּתִּי

דָם

בָּא

בַּד

בּוֹא

תָּם

שַׁבָּת

שָׁתַל

מַמָּשׁ

שָׁתַלְתִּי

תָּמִיד

תַּלְמִיד

תּוֹדָה

לָמַד

לִבִּי

מִדָּה

Sound your way around the track. See how fast you can go from **דוֹדָה** to **מִדָּה**.

עֲצֹר!

Practice these sounds and words.

1. דָם בִּים דוד שָׁם שְׁמִי מִי לוֹא לוֹד

2. מוֹדָה דוֹדָה תּוֹדָה דוֹמָה לָמָה לָמָד שָׁלוֹם

3. תָּמִיד תַּלְמִיד תַּלְמִידָה תַּלְמִידִים תַּלְמִידוֹת

4. מוֹדִים דוֹמִים שְׁלוֹמִית שִׁשִּׁים לִבִּי לָהּ

5. לוֹמְדִים לוֹמְדוֹת מְלַמְּדִים מִילָה בִּימָה לִלְמוֹד

We are about to learn eight new Hebrew words about the people in a classroom. Surprise! You can now read some of these words and you should be able to guess at a few more. Take a try.

אֲבִי

מָהִיר

מוֹרָה

תַּלְמִידָה

תַּלְמִיד

תַּלְמִידוֹת

תַּלְמִידִים

Now try printing these words on the lines below.

תָּמִיד   שָׁלוֹם

מוֹדִים   לוֹמְדִים

תַּלְמִיד   תַּלְמִידִים

In an Israeli School

דַּבֵּר עִבְרִית

Children in Israel go to school six days a week—yes, even on Sunday! So I had to get used to getting up early one more day a week. But, the school day is much shorter. My school day began at 8 a.m. and was over usually before 1:00 p.m. We never ate lunch at school. On Friday, before Shabbat, school ended before noon. Of course almost everything is taught in Hebrew, except in fourth grade the students have a class in English. You can just imagine that I was great in English. Even in a regular public school we studied Bible, Jewish history and Jewish holidays.

I had to buy all of my own books and supplies for school at a bookstore downtown. The teachers never pass out paper. Field trips, called tiyulim, are a super important part of school and they are great! Every grade has a special field trip called tiyul shnati (the yearly trip). The older you are, the longer the trip. Israel is a small country, but a fun one to explore.

My Israeli friends loved American tennis shoes and American basketball players. After school, I played either soccer or basketball. Baseball wasn't very popular in Israel. Many children travel to school by themselves. They either take a city bus or walk. There were very few cars dropping kids off at school. There isn't even a word for carpool in Hebrew! It took me about twenty minutes to walk to my school, and five minutes when I ran. On the way home from school my friend and I stopped at a little market called a makolet to buy ice cream, a popsicle, or trading cards.

בְּבֵית הַסֵּפֶר

מוֹרֶה

מוֹרָה

תַּלְמִיד

תַּלְמִידָה

מְנַהֵל

מְנַהֶלֶת

תַּלְמִידִים

תַּלְמִידוֹת

"Read" each line.

.1

.2

.3

.4

.5

.6

.7

עֲצֹר!

.8

Meet the א (Alef)

Your teacher will help you meet these א words. Learning to say these words now will help you to read them later.

א

אָלֶף

א

Remember the ox? The stubborn ox who had to be prodded with a ל? Well an ox in old Hebrew is an א. Do you see the horns?

א

אֲ is called חֲטַף פַּתַח (hataf patah).
אֲ sounds like AH.

אֲרוֹן-הַקֹּדֶשׁ

אֶתְרוֹג

אָדָם

אֶחָד

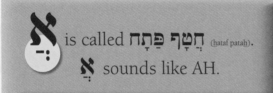

א בּ ב ג ד ה ו ז ח ט י כּ כ ך ל מ ם נ ן ס ע פּ פ ף צ ץ ק ר שׁ שׂ תּ ת

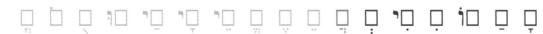

If you want to sound these out, here's a secret:
Just sound out the vowel—not the א.

אָ sounds like AH.

1. אָ אוֹ אִי אָה אִ אָ אְ אִם אַת

2. אָדָם אַבָּא אִמָּא אַתָּה בָּאָה

3. שׁוֹאָה אִמּוֹ שְׁלוֹמִית אִישׁ אִשָּׁה

4. אוֹת בָּאוֹת לַבָּאוֹת בְּאוֹתוֹת לוֹמְדִים מִילָה

This vowel ֲ is called a חֲטַף פַּתָּח.
We say it just like the ַ, the פַּתָּח.

The word אֲדָמָה has a חֲטַף פַּתָּח at the begining.
Can you find the word אֲדָמָה on this page?

5. אַל אַת תָּא בָּא אוֹ אִם אִמִּי אִמּוֹ אִמּוֹת

6. דוֹאָה אָשְׁמָה בּוֹאָה בּוֹאִי בּוֹאוֹ -בָּאִים בָּאוֹת

7. מְאוֹד אַבָּא אִמָּא בְּאוֹת מַמָּשׁ דוֹלָה

8. שָׁלוֹם שְׁלוֹמוֹ אַמָּה דָּם אָדָם אֲדָמָה

9. אוֹת אוֹתוֹת בְּאוֹתוֹת בָּאוֹת אוֹת לְבָאוֹת

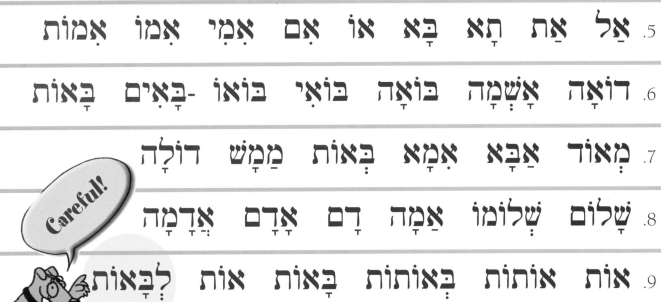

A WORDPLAY

Sometimes we can learn a lot from just a word or two. Sometimes we need to look at Hebrew words in the Torah to find out part of the message.

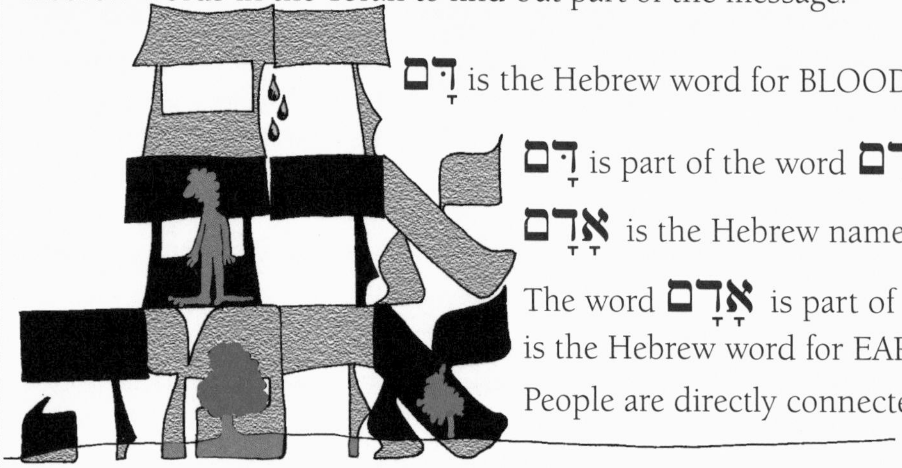

דָּם is the Hebrew word for BLOOD.

דָּם is part of the word אָדָם.

אָדָם is the Hebrew name of the first PERSON.

The word אָדָם is part of the word אֲדָמָה, which is the Hebrew word for EARTH (as in dirt and soil). People are directly connected to the soil.

In the story of creation, we learn about MAN and WOMAN. In English we make the word WOMAN by adding WO to the beginning of the word MAN.

In Hebrew we do it by adding □ָה to the end of the word אִישׁ. MAN is אִישׁ. WOMAN is אִשָּׁה.

Now print some awesome א letters. Then try printing some words you know how to read!

Step 3 Step 2 Step 1

א א א א א א א א

אָדָם אוֹת

אַבָּא אִמָּא

אִישׁ בָּאוֹת

Review these words

Name the letters in the first column. Then say all the words on these lines.

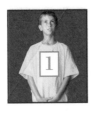

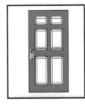

1. א

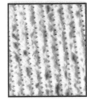

2. ד

3. מ

4. ל

5. ת

6. בּ

Here are some words you can read!

7. אִישׁ man — אִשָּׁה woman — אָדָם human — אֲדָמָה ground — דָּם blood

Meet the נ (Nun)

Your teacher will help you meet these נ words.

נ נוּן

נֵר

נֵרוֹת

נֵר תָּמִיד

נָחָשׁ

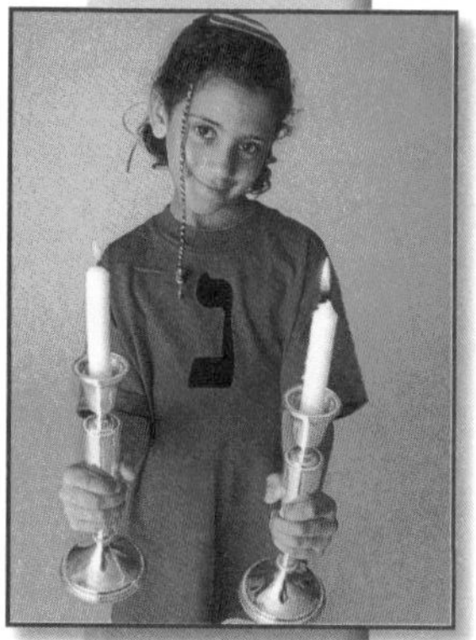

Here is another letter that is written two ways.

Her name is נוּן in the beginning or middle of the word. נ

At the end, she's called a נוּן סוֹפִית. ן

נ means "fish" in old Hebrew. The נ was once a picture of a fish. I don't think it looks at all like a fish. Do you?

א בּ ב ג ד ה ו ז ח ט י כּ כ ך ל מ ם נ ן ס ע פּ פ ף צ ץ ק ר שׁ שׂ תּ ת

◌ָ ◌ַ ◌וֹ ◌ִ ◌ִי ◌ְ ◌ֲ ◌ֵ ◌ֶ ◌ֱ ◌ֵי ◌ָי ◌ַי ◌וּ ◌ֻ ◌ֹ ◌ֳ

Practice these words with our new letter נ.

1. נָ נִ נוּ נַ נִי נֵ נָא נָם נוֹד
2. אָנָה שָׁנָה שָׁנִים נִים דָן שִׁין בִּינָה
3. מָנָה לָן נִין דִין מִין שִׁין לִין אָמִין נָדִין נָד
4. שָׁנִים נָתַן מָנוֹת נָשִׁים אֲנָשִׁים לָשׁוֹן אֲדוֹן

5. מוֹדִים אֲנִי מִי שָׁנָה שָׁנִים נָתַן בִּינָה
6. שִׁנַּנְתָּם לָשׁוֹן אֲדוֹן שַׁבָּת שָׁלוֹם מַה נִּשְׁתַּנָּה

Now print some neat נ and ן letters.

Step 1 Step 2 Step 3

נ נ נ נ נ נ

Step 1

ן ן ן ן ן ן ן

אֲנִי נָתַן

אֲדוֹן אֲדוֹנִי

Race against our Rollerblader and sound it out as fast as you can.

מִי

מָדַד
דּוֹד
אֲדוֹן
אָדָם
דָּם
אֲנִי
שָׁנָה

בָּאִים
בּוֹא
דּוֹדָה
אִישׁ
מִלִּים
תָּמִיד
תָּם
לָשׁוֹן

שְׁלַבִּים

אַבָּא

בָּנִים
שְׁנַנְתָּם
כַּלָּה
אַל
נָשִׁים
מִלָּה
שַׁבָּת
נָתַן

נִשְׁתַּנָּה
אִשָּׁה
מוֹדִים
דִּין
תַּלְמִיד
אִמָּא
אֲנָשִׁים

Cross out the words that don't rhyme.

1. דִּין שִׁין מִין ~~בָּם~~ נִין לִין

2. אָנָה מִנָה שָׁנָה אָנָא בָּנָה מָנָה

3. בַּם שָׁם לוֹם דָם תָּם בִּים

4. בָּנִים שָׁנִים נָשִׁים בָּלַם דָלִים תָּם

Avi's Story
as told by מָהִיר

When אֲבִי was born, his name was Eliezer Perlman. He was born in Lithuania.

If his name is Eliezer Perlman, why do we call him אֲבִי? Because אֲבִי changed his name. He wanted a 100% Hebrew name (like I have). So he kept the first part, which always *was* Hebrew:

אֱלִיעֶזֶר

But he replaced Perlman with

בֶּן יְהוּדָה,

which means "son of the Jewish people." Now do you know why we call him אֲבִי? You don't?

אֱלִיעֶזֶר בֶּן יְהוּדָה

Now do you know???

אֲבִי

עֲצֹר!

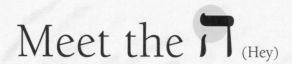

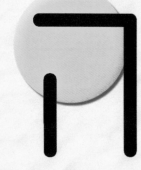

Meet the ה (Hey)

LESSON 7A

Your teacher will help you meet these ה words.

ה

הֵא

The name of this letter is הֵא.

הָ sounds like HA

הַבְדָּלָה

הַגָּדָה

הָמָן

הַלְלוּיָהּ

אבּבגדהוזחטיכּכךלמםנןסעפּפףצץקרשׁשׂתּת

□ָ □ַ □וֹ □ִ □ִי □ְ □ֲ □ֵ □ֶ □ֱ □ֵי □ָי □ַי □וּ □ֻ □ֹ □ֳ

I began life as a regular dog.
Sometimes I said, “Arf! Arf!”
Other times I said, “Bow Wow Wow!”
Then **אֲבִי** taught me Hebrew.
Now I say, “**הַב הַב**!”
I caught on so fast!
הַב! הַב! הַב!
Now I am a **כֶּלֶב**.

הַב הַב הַב!

הַב begins with the letter **ה**.
Her name is **הֵא**.

At the end of the word, **ה** is silent.

שָׂה מַה

But otherwise–

הַב הַב!

הַב sounds like **HAV**

1. הָ הוֹ הִי הֱ הִ הַ הְ הִיא
2. הַב הוֹ הִי הָמַם הוֹן הַבָּא הָהוֹן הָהִיא
3. אָהַד בָּהַל דָהָה הַלָן הָמָן הוֹדוֹ הַשִׁין מָהַל
4. נָהַם הִתְאִים הָמַם הַשְׁאָלָה הִשִׁיא מָהִיר

ה is a very honorable letter. The first Jews ever were אַבְרָהָם and שָׂרָה. Their names used to be אַבְרָם and שָׂרַי. Notice what's missing–no ה. Then they made an agreement to follow Adonai, so Adonai put a ה in each of their names. That was a big honor.

אַבְרָהָם
אַבְרָם
שָׂרָה
שָׂרַי

I have a ה in my name מָהִיר. Do you have a ה in yours? Here are some Hebrew names. If the name has a ה in it, circle the whole name.

1. אַבָּא בִּיתִי דָּנָה דָּנִי הוֹד
2. דָּתָן הוֹדִי מָנִי שָׁלוֹם נִין דָּן
3. לִבָּה אוֹדָה אִדּוֹ אַלוֹנָה אָמוֹן אַנָה שׁוֹנִי
4. אָדָם שָׂמָה הוֹן בִּינָה נָתַן אִיתָם הוֹהָם
5. אוֹנִית מַתָּן דִּינָה הִלָּה מַתִּי לַהַד אוֹן
6. מוֹלִיד אַלוֹן דָּלִית אִילָנָה שָׁנִי אַדָה שׁוֹשַׁנָּה

Now it's time to hit the ה.

Step 2 **Step 1**

ה ה ה ה ה ה ה

הַהִיא לִבָּה

בִּינָה תּוֹדָה

הוֹן הָמָן

אֲבִי insisted that every word he said must be Hebrew. He would walk up to people and say:

שָׁלוֹם. שְׁמִי אֱלִיעֶזֶר בֶּן יְהוּדָה. מָה שִׁמְךָ?

And they'd say, "I don't know what you are talking about. Speak Yiddish or French or some language I know."

Avi's Story

as told by מָהִיר

And אֲבִי would say:

יָבוֹא הַיּוֹם שֶׁכָּל יִשְׂרָאֵל יְדַבֵּר עִבְרִית.*

שָׁלוֹם. שְׁמִי אֱלִיעֶזֶר
בֶּן יְהוּדָה.
מָה שִׁמְךָ?

They'd say, "I still don't understand a word you're saying. Speak German or Russian or English!"

אֲבִי had lots of conversations like that. People thought he was a nut! They got very angry at him.

When אֲבִי was 23, he and his wife דְּבוֹרָה went to live in the Land of Israel. That was in 1881. As soon as אֲבִי stepped onto Israeli soil, he told דְּבוֹרָה that, from then on, they would speak only Hebrew.

That was not easy because דְּבוֹרָה didn't know how to speak Hebrew. They had a lot of quiet days in their new home until she learned. It's easier for dogs. All we need to know is הַב הַב!

עֲצֹר!

*May the day come when all Jews speak Hebrew.

Find the word that is hidden in each line—it is the same as the word in the box.

.1	אֲדוֹן	אָדָםהוֹןאֲדָמָהאֲדוֹןשָׁלוֹםנָתַןמַתָּנָה
.2	שָׁנָה	שַׁבָּתשָׁלוֹםשָׁנָהשָׁנִיםמְשָׁנִיםשׁוֹתָה
.3	מַה	שִׁנַנְתָּסמַהנִשְׁתָּנָהתוֹדָהדוֹמֶהמוֹדָה
.4	לִבָּה	לָהלוֹאלִנָהלָבַתלִבָּהלִבִּיבָּלַתלִבַּת

Circle the sounds that sound the same as the word in the box.

.5	דָהָה	דוֹהָה	דוֹאָה	דָהָא	דִיהָא
.6	הִשִׁיא	הוֹשִׁיא	הִשַׁי	הִשִׁיא	הִשִׁי
.7	הָהוֹן	תַּהוֹן	הֲהוֹן	הוֹהָן	תָּתוֹן
.8	אוֹנִית	אוֹבִית	אָנָה	אִינִית	אוֹנִת

Here are some words you know that you can now read.
How many of these words do you understand?

.9 בִּימָה שָׁנָה תַּלְמִידִים אָדָם אִשָּׁה אִישׁ שַׁבָּת

.10 אִמָּא אַבָּא שָׁלוֹם תַּלְמִיד תַּלְמִידָה אֲדָמָה

Word Search

The words below can be found in this word seach. Find as many words as you can. Make sure the letters and vowels are correct.

אֲדָמָה	בִּינָה	לִבָּה
אוֹת	בִּתִּי	לוֹא
אִמָּא	בִּלְשָׁן	נִשְׁתַּנָּה
אֲנִי	הָמָן	נָתַן
אִשָּׁה	הִיא	שִׁנַּנְתָּם
בִּימָה	לְבָאוֹת	תּוֹדָה

Mishpahah

"Welcome, *B'rukhim ha-Ba'im*." That's what I heard as the door opened and I was introduced to an Israeli family—The Palti Family. Of all the families I ever got to know while I was in Israel, the Palti's were one of the few that lived in a house instead of an apartment. Everyone calls the *abba*, "Palti." I am not at all sure that he even has a first name. His family came to Israel from Romania. He was in the Army for a long time. The Palti *imma* is "Kinneret" and they have four kids. The other family member is a large dog, called Louie.

They start their day early with a big breakfast together. The table is piled with cheeses, toast, yogurt, and cucumbers and sometimes eggs and olives, too! They have their big meal, the one with some kind of meat or chicken at about 1:00 in the afternoon. Then they all have a very late light dinner at about 7 or 8 at night. Dinner is pretty much like breakfast. I even have a picture of Palti flipping the eggs we had for dinner that night.

Another family we used to visit is the Hadary Family. Mrs. Hadary, Rivka, was born in Chicago and moved to Israel with her sons and her mother over 30 years ago. She is married to Amnon, who was born in Israel, even before Israel was born. He was a founding member of Kibbutz Gesher Haziv and fought in the Palmah in the War of Independence in 1948. Together they have 7 children and 13 grandchildren! Their children live all over Israel. One son lives on a kibbutz and two live in New York. They run a small bed and breakfast and they work together translating books from Hebrew to English.

מִשְׁפָּחָה

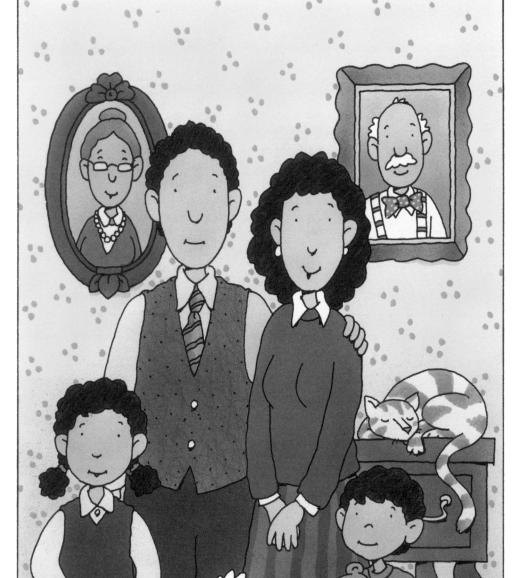

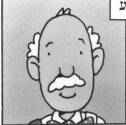

סָבָא

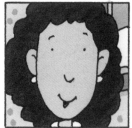

אִמָּא

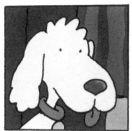

כֶּלֶב

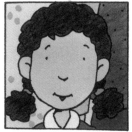

בַּת

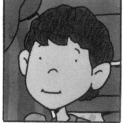

אַבָּא

סָבְתָא

חָתוּל

בֵּן

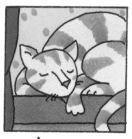

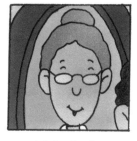

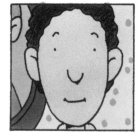

"Read" each line.

       .1

       .2

       **.3**

     **.4**

      **.5**

       **.6**

       **.7**

      **.8**

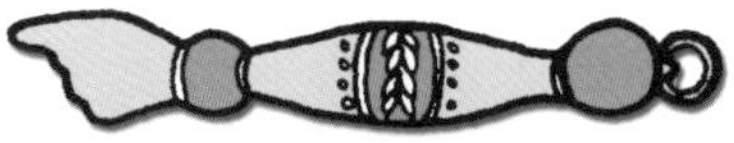

Your teacher will help you meet these ר words.

Meet the ר (Reish)

רֵישׁ

The name of this letter is רֵישׁ.

רֵ sounds like REH

רֶ sounds like REH

The ר was once a picture of a head. Every time I think of that I laugh at אֲבִי and tell him that proves that dogs spoke Hebrew before people, because a ר certainly doesn't look like a person's head. But it does look like my head!

רַב

רִמּוֹנִים

רַעֲשָׁן

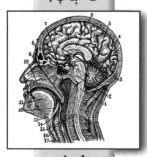

רֹאשׁ

א בּ ב ג ד ה ו ז ח ט י כּ כ ך ל מ ם נ ן ס ע פּ פ ף צ ץ ק ר שׁ שׂ תּ ת

1. רָ רָה רוֹ רִי רְ רָ רַ רִ רַ

2. רָם רָן רָד רוֹן רוֹם רִיר בַּר מַר

3. תּוֹרָה אוֹרָה הוֹרָה נוֹרָא מוֹרָה מָרִיר מָהִיר

4. אֲרִי רָשִׁי לִירִי שִׁיר רוֹנִי בָּרָד רָמָה הָרָן

5. שִׁירוֹ שִׁירוֹן בַּמָּרוֹם רוֹמָן רִינָה רְאִי נִרְדָם

6. בָּרָא מִתְרַשְׁלִים אָרוֹן לְהִתְרָאוֹת מְנוֹרָה מָרוֹר

Here is a ר quiz. Name these words that have a ר.

Let's see some ravishing ר letters.   Step 2   Step 1

Print each of these words twice with a remarkable ר in it.

נֵרוֹת

מְנוֹרָה

תּוֹרָה

מָהִיר

Here are some words from the Siddur
that you can read!

SIDDUR WORDS

1. תּוֹרָה אוֹרָה נוֹרָא תְּהִילוֹת דִּבַּרְתָּ שִׁיר

2. אוֹר דִּבַּרְתָּ בָּם מָה נִשְׁתַּנָּה אַתָּה לְאוֹת

3. שְׁנַנְתָּם אִם אֲנִי לְדוֹדִי דוֹדִי לִי שְׁמוֹ רָם

4. שָׁלוֹם אָדוֹן לַאֲדוֹן דִּבַּרְתָּ הָאֲדָמָה הֲמוֹנָם

How many times did you read the word דִּבַּרְתָּ? Circle all the times you found it.

Vocabulary Review

Match the word to the picture in each section.

שָׁלוֹם שַׁבָּת שָׁנָה

מְנוֹרָה אִמָּא אַבָּא

תַּלְמִידָה תַּלְמִידִים תַּלְמִיד

הוֹרָה תּוֹרָה בִּימָה

מוֹרָה אָדָם הָמָן

נֵר תָּמִיד רִמּוֹנִים מָהִיר

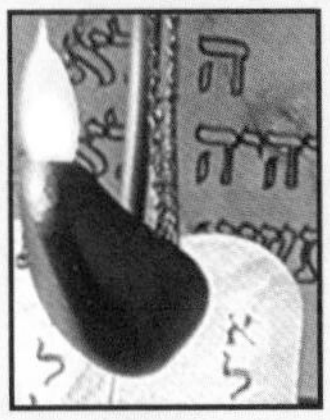

Reading Review

1. אֲנִי רִינָה רַבִּי שִׁירִים רוֹנִית שׁוֹשָׁנָה

2. מוֹדָה תּוֹדָה הוֹדָה מוֹרָה תּוֹרָה הוֹרָה

3. שׁוֹר הַשָּׁנָה אָרוֹן מְנוֹרָה מַרְאָה לְהִתְרָאוֹת

At the end of this page, you'll know almost all the important vowels!!

4. שֶׁ שֵׁ בֶּ בֵּ דֵ דֶ אֵ אֶ נֵ נֶ מֶ מֵ

5. בֵּן שֶׁל שֵׁן אֶל רֵד תֶּל תֵּן אֵל הֶם נֵר

6. אֵשֶׁל מֶרִי לֶבֶּן רֶשֶׁת שֶׁמֶר אָמֵן דֶלֶת דַבֵּר

7. רוֹמֵם שֶׁמֶשׁ נוֹשֵׁר נֶשֶׁר מֶרֶד שֵׁדִים נֵרוֹת שֵׁשׁ

8. אוֹמֶרֶת הִדְהֵד אֶלְדָד שׁוֹמֵר נֵר תָּמִיד בּוֹרֵא

9. מוֹרֶה מְנַהֵל מְנַהֶלֶת

You can now read the Hebrew names for these people in a school.

מוֹרָה

מִי אַתָּה? מִי אַתְּ?

Tell who these characters are. You need not write in the answers.

אֲנִי _____ . 1

אֲנִי _____ . 2

אֲנִי _____ . 3

אֲנִי _____ . 4

אֲנִי _____ . 5

אֲנִי _____ . 6

הִנֵּה _____ .

7. הִנֵּה אָבִי.

8. הִנֵּה מָהִיר.

9. הִנֵּה עִפָּרוֹן.

10. הִנֵּה מַחְבֶּרֶת.

11. הִנֵּה יֶלֶד.

12. הִנֵּה יַלְדָּה.

Climb your way to the top of this brick wall by reading these Siddur words.

.10 דִּבַּרְתָּ בָּם

.9 נֵר שֶׁל שַׁבָּת

.8 בּוֹרֵא מִינֵי

.7 שׁוֹמֵר אוֹמֵר נֶאֱמָר

.6 נוֹתֵן הַתּוֹרָה

.5 שְׁמוֹ אָמֵן אֲשֶׁר

.4 בְּרֵאשִׁית בָּרָא

.3 שֶׁמֶשׁ נֶאֱמָן מָרוֹם

.2 אֵל אָדוֹן

.1 אֶל בֵּין

START

Print or write each word in the right place.

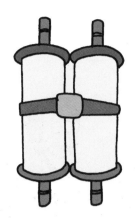

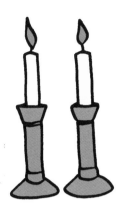

CLUES:

נֵרוֹת מוֹרָה תּוֹרָה

Avi's Story
as told by מָהִיר

אֲבִי was born in 1858. In America at that time, Abraham Lincoln ran for the Senate. (He lost, but would be President in two years.)

אֲבִי went to Hebrew school and learned all the letters. He could write and read pretty well. So could the other boys. (Girls didn't go to Hebrew school when אֲבִי was young.) But no one *spoke* Hebrew, at least not very well. That's because they thought Hebrew was too holy to speak.

How did אֲבִי learn to speak Hebrew? How did he talk to דְּבוֹרָה?

How did I become the first Hebrew-speaking dog?

How did אִיתָמָר become the first Hebrew-speaking child?

When did girls start learning Hebrew? How did אֲבִי become a world-famous מוֹרֶה?

You'll learn all of this, plus a very, very sad story about me, מָהִיר. It is a story I would rather not tell you, but אֲבִי asked me to.

To Dot or Not to Dot

The • is very important.
It's called a dagesh.
When it's in a בָּ, we say **BA**.
When it's not there–as in בָ, we say **VA**.
ב is called a vet.

What is the difference between these two letters?

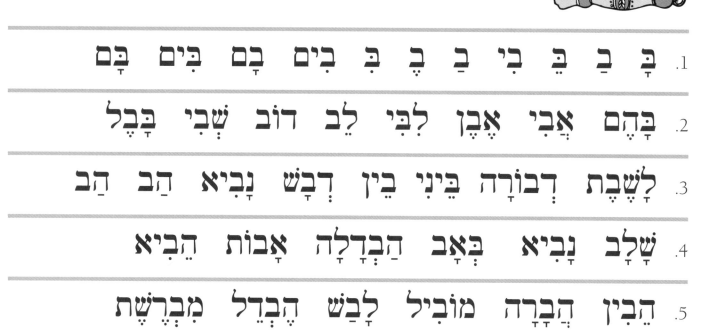

1. בָּ בַ בֵּ בִי בַ בֶ בִּ בִים בָם בִּים בָּם
2. בָּהֶם אֲבִי אֶבֶן לִבִּי לֵב דוֹב שְׁבִי בָּבֶל
3. לָשֶׁבֶת דְבוֹרָה בֵּינִי בֵין דְבָשׁ נָבִיא הַב הַב
4. שָׁלָב נָבִיא בְּאָב הַבְדָלָה אָבוֹת הֵבִיא
5. הֵבִין הֲבָרָה מוֹבִיל לָבַשׁ הֶבְדֵל מִבְרֶשֶׁת

Read these words from the Siddur.

1. אָהֲבָה רַבָּה הַמֵּאִיר אוֹר תָּמִיד מֵבִיא
2. מוֹדֶה אֲנִי נִשְׁמָתִי רַבָּה בִּי אָהֲבָה אָהַבְתָּ
3. אֲשֶׁר בִּדְבָרוֹ אַהֲבַת בֵּית תּוֹרָה אָהֲבָה
4. נְשָׁמָה הִיא אַתָּה מִמֶּנִּי לָבוֹא מוֹדָה רִבּוֹן
5. בָּאֵלִים נֶאְדָּר נוֹרָא תְּהִלּוֹת שִׁירָה שְׁמוֹ

Can you find the word אָהֲבָה? It is in this reading excercise more than once. It means loves.

Letter Names

Read the letter names below and write the correct letter next to each.

6. בֵּית ___בּ___
7. לָמֶד ______
8. מֵם ______
9. דָלֶת ______
10. הֵא ______
11. בֵית ______
12. שִׁין ______
13. רֵישׁ ______

Here are people and things you can read.

1. הִנֵּה דֶלֶת
2. הִנֵּה מָהִיר
3. הִנֵּה אֲבִי
4. הִנֵּה תּוֹרָה
5. הִנֵּה מְנַהֶלֶת
6. הִנֵּה תַּלְמִיד
7. הִנֵּה מוֹרָה
8. הִנֵּה מוֹרֶה
9. הִנֵּה מְנַהֵל
10. הִנֵּה תַּלְמִידָה
11. הִנֵּה תַּלְמִידִים
12. הִנֵּה תַּלְמִידוֹת

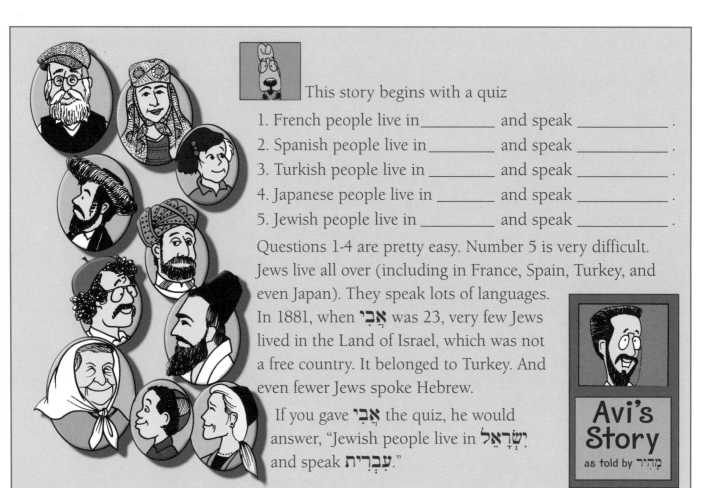

This story begins with a quiz

1. French people live in________ and speak ___________.
2. Spanish people live in________ and speak ___________.
3. Turkish people live in ________ and speak ___________.
4. Japanese people live in _______ and speak ___________.
5. Jewish people live in _________ and speak ___________.

Questions 1-4 are pretty easy. Number 5 is very difficult. Jews live all over (including in France, Spain, Turkey, and even Japan). They speak lots of languages. In 1881, when אֲבִי was 23, very few Jews lived in the Land of Israel, which was not a free country. It belonged to Turkey. And even fewer Jews spoke Hebrew.

If you gave אֲבִי the quiz, he would answer, "Jewish people live in יִשְׂרָאֵל and speak עִבְרִית."

Avi's Story
as told by מָהִיר

Meet the ו (Vav)

Your teacher will help you meet these ו words.

וָו

The name of this letter is וָו. It was once the picture of a hook.

וָ sounds like VA

וְ sounds like V'

וֶרֶד

וַשְׁתִּי

וִכּוּחַ

וָו

א בּ ב ג ד ה ו ז ח ט י כּ כ ך ל מ ם נ ן ס ע פּ פ ף צ ץ ק ר שׁ שׂ תּ ת

◌ָ ◌ַ ◌וֹ ◌ִ ◌ִי ◌ְ ◌ֲ ◌ֵ ◌ֶ ◌ֱ ◌ֵי ◌ָי ◌ַי ◌וּ ◌ֻ ◌ֹ ◌ֳ

Remember וֹ?
It sounds like "Oh!"

Here is a ו.
It sounds like "V".
It is called a וָו.
When we put the ו with the vowel ְ it says v'.
וְ means "and".

וֹ
ו
וְ

1. וְ וִי וֶ ווֹ וָ וֲ וֵ וָו וִים וָם

2. וֶרֶד וִתֵּר וָרוֹד דַּוָּר תָּוִים נָוֶה נָאַם מָוֶת

3. וַאֲנִי וְאַתָּה וְאָהַבְתָּ וְתוֹרָה וְדִבַּרְתָּ בָּם

4. אֲנִי וְאַתָּה מְשַׁנֶּה אֶת וְנֶאֱמָן וְנוֹתְנִים

5. וְנֶאֱמָר הַדְּבָרִים הָאֵלֶּה אֶת שֵׁם הָאֵל

6. וְהַנּוֹרָא וַאֲנִי בְּרוֹב אָבוֹא אָהַבְתִּי בֶּאֱמֶת

The **וֹ**, together with the vowels **◌ֲ**, or **◌ַ** or **◌ְ** means "and". Put the **◌ְ** in the phrases below that say "____ and ____.

4. לְדוֹר _דוֹר

1. אֲנִי _אַתָּה

5. מוֹרֶה _תַלְמִיד

2. תַּלְמִיד _תַלְמִידָה

6. אִישׁ _אִשָּׁה

3. אֲבִי _אִיתָמָר

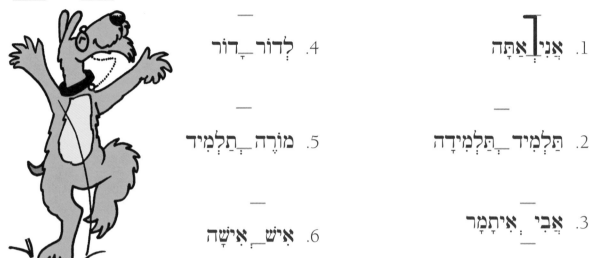

דַבֵּר עִבְרִית

Father

Brother

Micah

The beach in Israel is great fun, especially in Tel Aviv. It is busy and crowded. Along the beach in Tel Aviv, there are tall hotel buildings. Falafel, pizza and ice cream are the most popular snacks to buy. People selling ice cream and popsicles walk up and down the beach yelling *"Artik"*, the name of a popular popsicle. It always reminded me of the North Pole, a place I wanted to be when it was so hot. There is a boardwalk, called the *tayelet,* along the beach. Along the *tayelet* are cafes and restaurants, where customers sit outside, under colorful umbrellas.

The beach is very noisy compared to the beach I am used to in Los Angeles. The lifeguard has a loudspeaker, and everyone can hear him constantly yelling to the kids in the water, "Don't go out too far!" The water of the Mediterranean Sea is the most incredible, beautiful blue color. The water is even warmer than the water of the Pacific Ocean. It amazed me that there was no seaweed, but watch out for the jellyfish in the summer. I can still remember the sting I got one day.

Kids and grown-ups play *matkot,* a game with a small ball and paddles. The sound of the steady beat of the tiny balls hitting the paddles fills the air. You will also see people out in the water riding on a big surfboard with paddles called a *"hasaka."*

הַגּוּף

תַּחַת

רַגְלַיִם

בֶּטֶן

בֶּרֶךְ

כְּתֵפַיִם

יָד

גַּב

אֶצְבַּע

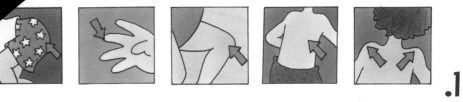

   **.1**

       **.2**

       .3

  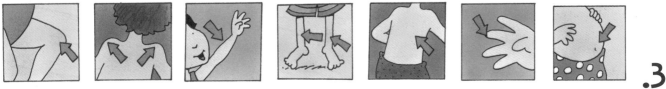   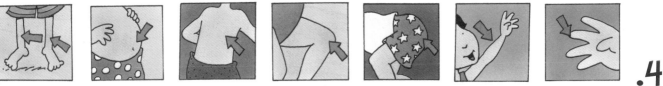 **.4**

       **.5**

       **.6**

       **.7**

       **.8**

עֲצֹר!

Meet the ט

טֵית

The name of
this letter is טֵית.

טַ sounds like TA

טַלִית

טֶבַע

טוֹב

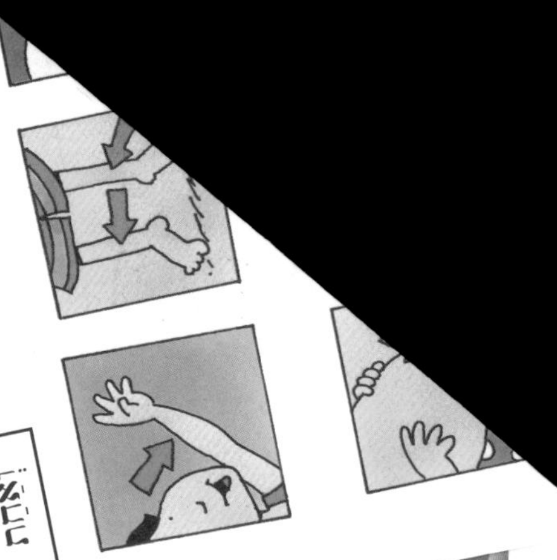

אבּבגדהוזחטיכךלמסןסעפּפףצץקרשׁתּת

טָ טַ טוֹ טֵ טִי טָ טֶ טְ טֵ טֶ טַ טֵ טָ טִ טוֹ טִ טֵ טִי טֵ טֶ

הִנֵּה רַב.   הִנֵּה טַלִּית.

1. טַ טוֹ טָה טֶ טִי טְ טָ טֶ טֵ

2. טַל טוֹב טִין טָלֶה טָרִי טֶנֶא טִירָה טֶרֶם

3. טוֹבָה טָמַן טִשְׁטֵשׁ בְּטֶרֶם טִרְטֵר טוֹמֶן לְאַט

4. שָׁנָה טוֹבָה שָׁבַט בִּשְׁבָט טַלִּית טִלְטֵל מָטָר

5. טוֹבֵל טוֹבִים טַלִּיתוֹת בֶּטֶן הַמֵּטִיב מַטָרָה

6. טָבַל טָהוֹר טַוָס טַל טָרִי טֶרֶם לְאַט אִטֶּר

7. אִטִּי בָּטֵל בְּטֵלָה הֵיטֵב נָטָה נָטַל רָטוֹב

Let's see some tasty ט letters.

Step 3 **Step 2** **Step 1**

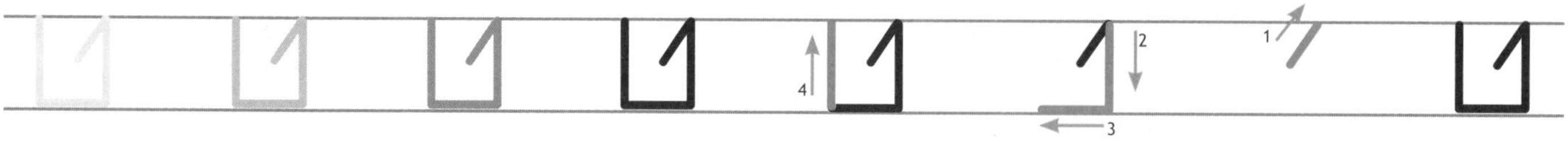

And some tantalizing words with ט.

טַלִּית הַמֵּטִיב

טוֹבָה שֵׁבֶט

Cross out all the sounds that don't rhyme with the word in the box.

.1	טוֹב	דוֹב	~~זְאֵב~~	רוֹב	שׁוֹב
.2	טָמַן	טוֹמַן	הָמָן	רָמַן	שָׁמַם
.3	דוֹדָה	תּוֹדָה	מוֹדָה	דוֹדִי	הוֹדָה

Here are some words from the Siddur that you can say!

.4 הִנֵּה מָה טוֹב נָאִים שֶׁבֶת לְהָבִין

.5 לִשְׁמוֹר לִלְמוֹד לְלַמֵּד לִשְׁמוֹר לְהוֹדוֹת

.6 בְּאַהֲבָה וַתְּלַמְּדֵם הָאָב בֶּאֱמֶת לְשָׁלוֹם

Vocabulary Review

Review the vocabulary words you've learned so far. Say the name of the letter and then name as many vocabulary words as you can.

ר

עֲצֹר!

Start Here

	מְנַהֵל	דְּבַשׁ	
	נֵר תָּמִיד	תַּלְמִידָה	
רִמּוֹנִים	הַבְדָּלָה	שָׁלוֹם	מְנַהֶלֶת
דָּם	תּוֹרָה	בְּשַׁבָּת	לְדוֹדִי
נֵרוֹת	אָדָם	נֵר	לִי
מָהִיר	טוֹב	בַּת	וַאֲנִי
דֶּלֶת	וֶרֶד	מוֹדֶה	לוֹ
שָׁנָה	דְּבַשׁ	אֲנִי	נָבִיא
בֶּטֶן	אַבָּא	הִנְנִי	אַהֲבַת
טַלִּית	מוֹרֶה	שִׁירִים	בּוֹרֵא
בִּימָה	בֵּן	נִשְׁמָתִי	דְּבוֹרָה
דּוֹב	אָבִי	וְשִׁנַּנְתָּם	נִשְׁתָּנָה
תַּלְמִידִים	רַב	לְבֵין	מוֹרָה
אִמָּא	לֵב	אִשָּׁה	תַּלְמִיד
אִישׁ	שַׁבָּת	תַּלְמִידוֹת	וְאָהַבְתָּ

Touchdown!

David really wants to be a football player so he is practicing running up and down the field with the ball. Help David run faster by reading the words on the field as fast as you can.

But be careful. Don't get tackled. You will have to start over every time you make a mistake.

You can now write all these words!

1.
בֶּטֶן

2.
וֶרֶד

3.
תּוֹרָה

4.
דְּבַשׁ

5.
דֶּלֶת

6.
הָמָן

7.
לֵב

8.
טַלִּית

9.
שַׁבָּת

10.
דוֹב

11.
נֵר

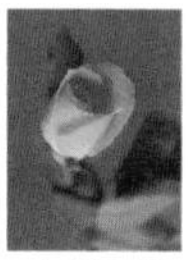

12.
טוֹב

a = ֵי = ֵא
"a" as in "say"

SIDDUR WORDS

Here are more words from the Siddur.

13. מוֹדִים שָׁאַתָּה לְדוֹר וָדוֹר נוֹדֶה תָּמִיד

14. וְנֶאֱמָן אַתָּה אֱלוֹהִים אִם שָׁמוֹר אֱלוֹהֵי

15. וְנוֹרָא וְאַדִּיר וְטוֹב הַדָּבָר מוֹרִיד הַטָּל

16. לְאֵל לְבָדוֹ נוֹרָא תְּהִלּוֹת אֲדוֹן וֵאלוֹהֵי

Vocabulary Review

Match the picture to the letter that begins the word in each section.

תּ בּ ד

בּ תּ ט

תּ ט ד

מ ל נ

ה ו פּ

ה א ד

Avi's
Story
as told by מָהִיר

Lots of people thought that Jews needed their own country, just like every other nation. And some Jews, like אֲבִי, wrote magazine articles about Zionism. Zionism is the movement to make the Land of Israel the Jewish home.

But אֲבִי was not happy living and studying in Lithuania and Paris. He HAD to live in the Land of Israel. So he took a trip that changed the world.

אֲבִי left Paris to get דְּבוֹרָה in Vienna, then travelled to Cairo, where he and דְּבוֹרָה got married. From there they went to Jaffa. Jaffa was the main seaport in the Land of Israel. He got off the boat, stood for the first time on Israeli soil, and said to דְּבוֹרָה,

אֲנִי מְדַבֵּר עִבְרִית.

And דְּבוֹרָה said, "א," which means that she was silent. Because דְּבוֹרָה couldn't speak Hebrew. Yet!

דַּבֵּר
עִבְרִית

1. מִי אַתָּה? אֲנִי אֲבִי.

2. מִי אַתְּ? אֲנִי דְּבוֹרָה.

3. מִי אַתָּה? אֲנִי מָהִיר.

Answer this question by writing your name next to the correct question.

4. מִי אַתָּה? אֲנִי ______________

5. מִי אַתְּ? אֲנִי ______________

עֲצֹר!

Meet the ע (Ayin)

Your teacher will help you meet these ע words.

עַ֫יִן

עֵץ

עוֹלָם

עֵץ חַיִּים

עַם

עָ sounds like AH

ע is another very, very quiet letter. Most people don't say her at all, just like the א. By the way, her name is עַ֫יִן.

אבּבגדהוזחטיכּכךלמםנןסעפּפףצץקרשׁשׂתּת

◌ָ ◌ַ ◌וֹ ◌ִ ◌ִי ◌ְ ◌ֵ ◌ֶ ◌ֵי ◌ִי ◌ָי ◌ַי ◌וֹ ◌ֻ ◌ֹ ◌ֳ

1. עַ עִי עֶ עָה עוֹ עַל עוֹל עִיר עֵד עֵט

2. עָנָה עַם עַמִי עָב עָנָן שְׁמַע עַיִן טָעָה

3. רֶבַע רָע דַע רָשָׁע רַעַשׁ רָעִים

4. רוֹעִים רוֹעֶה מְעַט עָרִים עוֹבֵר

5. תִּשְׁעָה בְּאָב רַעֲשָׁן בּוֹעֵט עוֹלָם

6. תּוֹלַעַת שׁוֹמַעַת אַרְבַּע עִבְרִית לְעוֹלָם וָעֶד

SIDDUR WORDS

Here are some words from the Siddur.

7. עַל הַתּוֹרָה וְעַל הָעֲבוֹדָה שְׁמַע דַי שַׁדַי

8. לְמַעַן שְׁמוֹ בְּאַהֲבָה מוֹשִׁיעַ אָבוֹת אֲבוֹתַי

9. אֵל שַׁדַי עָלַי רַבּוֹתַי נוֹעַם אֱלוֹהַי אֱלוֹהֵי

10. מַעֲרִיב עֲרָבִים לְעוֹלָם וָעֶד אֲדוֹנָי אֲדוֹנֵי

11. עֲמִידָה הַדְּבָרִים הָאֵלֶּה מֵעַתָּה וְעַד עוֹלָם

Make some amazing letters and words with ע.

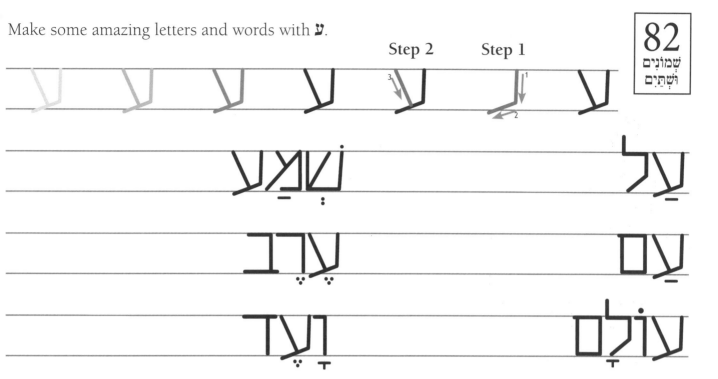

Step 2 **Step 1**

ע ע ע ע ע ע ע

עַל שְׁמַע

עַם עֶרֶב

עוֹלָם וָעֶד

Can you match the rhyme?

עַם	רַע
מָה	רָבִיד
עָשִׁיר	שָׁם
טוֹעֶה	מָהִיר
עָתִיד	לְאַט
רוֹעוֹת	דוֹאֶה
מְעַט	שׁוֹמַעַת
בּוֹלַעַת	רוֹאוֹת

Find the hidden word in the line as it appears in the box.

.1	שְׁמַע	שָׁםוָעֶדמְשַׁיעַלשְׁמַעעַםמַעֲרִיבעֱמִידָה
.2	עוֹלָם	שָׁלוֹםשׁוֹמַעַתעוֹלָםעוֹבֵרשָׁמַעעוֹלָההמוֹשֶׁה
.3	עֶרֶב	רַבעֶרועטעֶרֶברוֹטֵרוֹבועָהאֶרֶבשֶׁבמַעֲרִיב
4.	עֵת	בֵּיתאוֹתאֶתעֵדטֵיתעֵתאַתְּבֵיתאֵסעֵין

Avi's Story

as told by מָהִיר

Of course דְּבוֹרָה learned עִבְרִית. She had to because דְּבוֹרָה was about to have a baby and אֱבִי and דְּבוֹרָה decided that little אִיתָמָר should be the first Hebrew-speaking baby in two thousand years. Now kids in those days learned עִבְרִית—but they learned it in Hebrew school, just as you are doing right now. Baby אִיתָמָר would be different. He would hear only עִבְרִית from his אַבָּא and אִמָּא. They would talk to him בְּעִבְרִית, sing to him בְּעִבְרִית, play with him בְּעִבְרִית. He would never hear any other languages.

עֲצֹר!

You can read these words!

1. עוֹלָם בִּימָה דְּבַשׁ דֶּלֶת שָׁלוֹם שַׁבָּת

2. תּוֹרָה לֵב מוֹרָה אָרוֹן אָדָם נֵר נֵרוֹת

3. נֵר תָּמִיד הַבְדָּלָה הָמָן רַב רִמּוֹנִים

4. וֶרֶד וַשְׁתִּי וָו טוֹב טַלִּית טֶבַע עַם

5. תַּלְמִיד מְנַהֶלֶת תַּלְמִידִים מְנַהֵל שָׁנָה

6. תַּלְמִידוֹת מוֹרָה מוֹרֶה תַּלְמִידָה רַעֲשָׁן

SIDDUR WORDS

Here are words from the Siddur.

7. אֲשֶׁר בִּדְבָרוֹ אֲדֹנָי שְׁעָרִים מַעֲבִיר עַל

8. מְשַׁנֶּה עִתִּים בּוֹרֵא אוֹר מֵבִיא אֱלֹהַי

9. מַבְדִּיל בֵּין שְׁמוֹ תָּמִיד לְעוֹלָם וָעֶד

10. אַהֲבַת עוֹלָם אֵל שַׁדַּי תּוֹרָה לִמַּדְתָּ

11. שְׁמַע וְאָהַבְתָּ לְאוֹת בֵּית בְּמִשְׁמְרוֹתֵיהֶם

Circle the two words on each line that are spelled differently but sound *exactly* alike.

.1 טוב עֵת אות לֵב אֶת אַתְּ בֵּית רַב

.2 אור עול תור שור עוד אֵל עור טוב

.3 רועֶה מורֶה תורָה רואֶה תואֶה טובָה

.4 אָמִיר טָמִיר אומֵר שומֵר תָּמִיר תָּמָר

דַבֵּר עִבְרִית

One Friday afternoon, I had a sore throat. *Abba*, my dad, called our health plan, called *kupat h̲olim*, and they gave him the name of a pediatrician near our apartment. My Israeli pediatrician came from the United States. There are many doctors in Israel who were born in other countries. It made me feel comfortable to see that my new doctor was wearing jeans and sandals–no tie! There were toys and books in his little office, just like at my American pediatrician's office. The doctor examined me and filled out papers all in the same room. His desk was actually in the examining room. He didn't have a separate office. In fact, his office was in an apartment building.

The pediatrician wanted me to take some cough medicine, so my dad asked how we would be able to get the medicine since it was almost Shabbat. On Friday afternoon in Jerusalem, all of the stores close about an hour before the sun goes down. The pediatrician explained that the pharmacy nearby, called *Superpharm* in Hebrew, was open even on Shabbat. There is a law in Judaism called *pikuah̲ nefesh*, which means saving a life, and even the laws of Shabbat should be broken in order to save a life. So pharmacies are open on Shabbat, and even doctors may drive and break Shabbat if a patient is in need.

I am sure your parents take you to a doctor to get your shots. In Israel you get shots at school. In certain grades every Israeli kid gets the same shot. Israel is known all over the world for great medical care.

הָרֹאשׁ

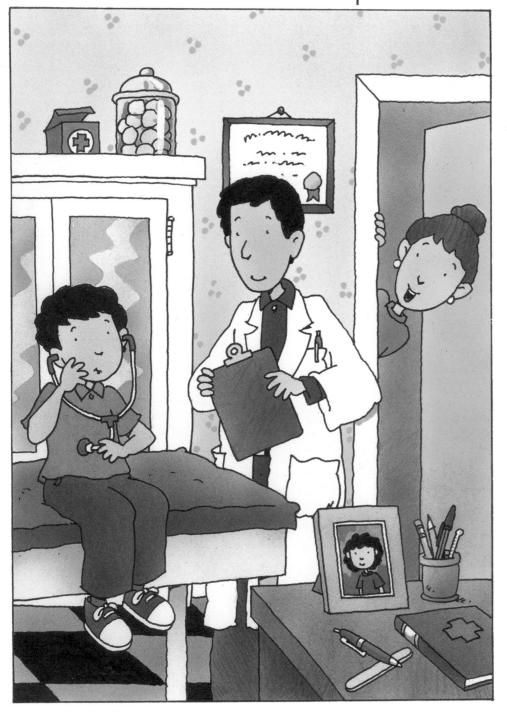

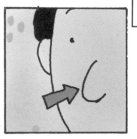

אַף

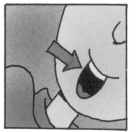

פֶּה

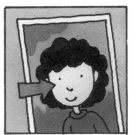

פָּנִים

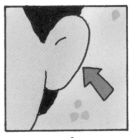

אֹזֶן

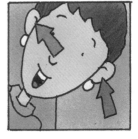

אָזְנַיִם

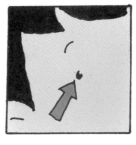

עַיִן

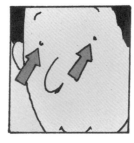

עֵינַיִם

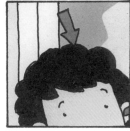

שֵׂעָר

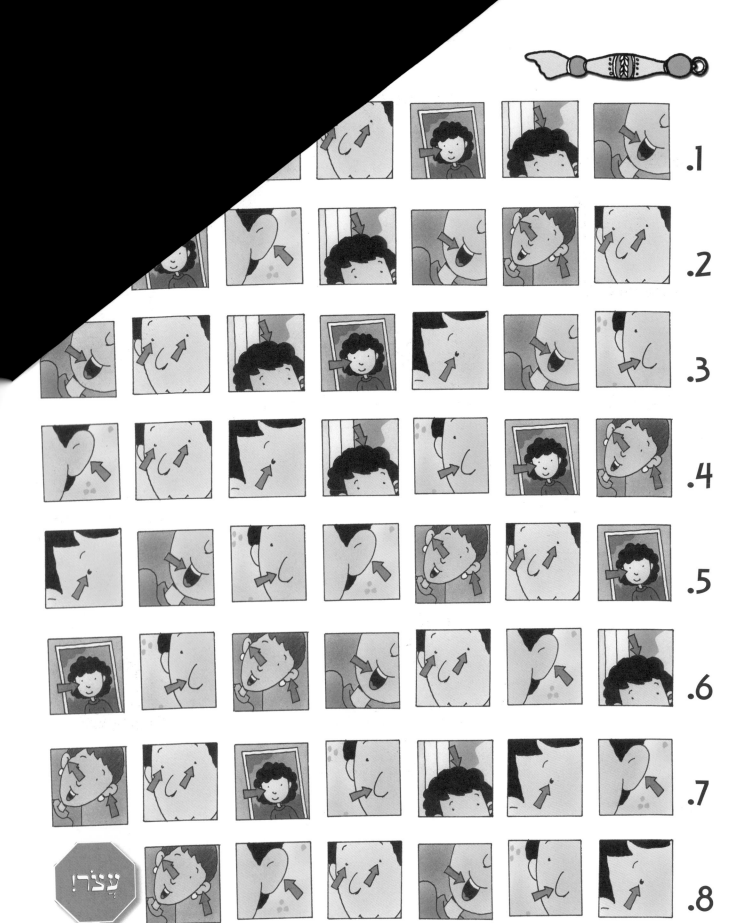

.1

.2

.3

.4

.5

.6

.7

עֲצֹר!　.8

Meet the

כַּף

The name of this letter is כַּף. כּ means the palm of your hand.

I think כּ looks more like the palm of *my* hand!

כָּ sounds like KAH

כֹּתֶל

כָּבוֹד

כֶּלֶב

אבּבגדהוזחטיכּכךלמםנןסעפּפףצץקרשׁשׂתּת

◌ָ ◌ַ ◌וֹ ◌ֹ ◌ִי ◌ִ ◌ְ ◌ֱ ◌ֶ ◌ֵ ◌ֵי ◌ֶי ◌ָי ◌ַי

My favorite letter!
As in **כֶּלֶב**!
כּ sounds like K

1. כַּ כֶּ כּוֹ כִּ כְּ כָּ כֵּ כֶּלֶב כֶּתֶר כָּשֵׁר
2. כּוֹתֶל כּוֹבַע כַּאן כַּלָּה כְּלִי כָּאַב כִּבֵּד כָּתַב
3. כֵּן כֵּהֶה כְּבָר כּוֹרָה כֵּנָה עִכֵּל כָּבוֹד כְּדַי
4. כִּכָּר כִּלְכֵּל כְּלַבְלָב עֲכָבִישׁ כְּדֵי כַּוָּנָה כַּוֶּרֶת
5. שִׁכּוֹר מַכָּר הִכִּיר דִּכָּא כְּמוֹ כַּמָּה כִּמְעַט

Now make some colossal **כּ** words.

Step 2 **Step 1**

כֶּלֶב כָּבוֹד

כָּשֵׁר כֶּתֶר

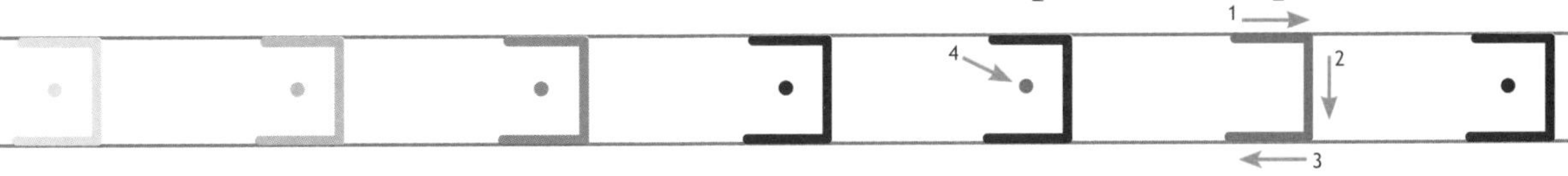

Deuling Kaf Letters

בְּרָכָה
כֶּלֶב
כ
כּ

This is a כַּף.
כָ sounds like KHA.

This is a כַּף.
כָּ sounds like KA.

Careful!

1. כַּר כֵּן כַּד כַּת מָכַר לָכֵן לָכַד
2. בְּכַת הֲכִי לְכִי הָכֵן רַכָּה כָּכָה שָׁכַב
3. שׁוֹכֵן כְּבָר מַכִּיר כָּרַע מוֹכֵר כִּי כּוֹכָב
4. מִכְתָּב בְּכוֹר מַכְבֵּשׁ מַכְאוֹב כְּרָכִים עַכְבָּר
5. אוֹכֵל בְּכִי בְּרָכָה בִּרְכּוֹת מְכוֹנִית תְּכֵלֶת

Now it's time to write some words with כ.

בְּרָכָה אוֹכֵל

כָּכָה כּוֹכָב

Your teacher will help you use this page.

בְּרָכָה 4	לְהוֹשִׁיעַ 3	רָב 2	שַׁדַּי 1
כִּי 8	כּוֹל 7	הֵיכַל 6	אֵל 5
מַלְבִּישׁ 12	הַמֵּבִין 11	לוֹ 10	שֶׁכָּכָה 9
כְּבוֹד 16	אֲדוֹנָי 15	דּוֹר 14	וְדִבְרֵי 13
לְהוֹדִיעַ 20	לִבְנֵי 19	הָאָדָם 18	הֲדַר 17
עוֹלָמִים 24	אַשְׁרֵי 23	יוֹשְׁבֵי 22	עוֹד 21

More practice!

1. כּוֹל הַר עַל אוֹר מָה לוֹא אִישׁ רָע

2. אוֹתִי לָהֶם מִמֶּנִי בְּנֵי אָבוֹת אֲדָמָה בָּנִים

3. לְכִי הוֹלֶכֶת טוֹבִים שָׁלוֹשׁ כִּתָּה נִשְׁכַּב

4. דוֹרוֹת נָא לָשֶׁבֶת דְרָכִים בְּהֵמָה אֲדוֹנִי

5. אוֹהֶבֶת אוֹכְלִים אֲדַבֵּר תְּהַלֵּל מְשַׁבְּרִים

6. בְּרִיתִי עֲבָדִים כָּוָנָה טְהוֹרָה מָוֶת בִּשְׁבַט

Here are some more words from the Siddur.

7. וְשִׁנַּנְתָּם וְדִבַּרְתָּ בָּם לְאָדָם דַעַת מְלַמֵּד

8. לֶאֱנוֹשׁ בִּינָה דֵעָה שְׁלֵמָה רְאֵה וְרִיבָה

9. מְהֵרָה לְמַעַן וְהַעֲלֵה שְׁלֵמָה נֶאֱמָן עַמוֹ

10. מִינֵי לְטוֹבָה וְתֵן בְּרָכָה טַל לִבְרָכָה

11. הָאֲדָמָה כַּשָּׁנִים אֱלוֹהַי מֵאַרְבַּע הָשִׁיבָה

93
תִּשְׁעִים וְשָׁלֹשׁ

Final Letter
כָּף סוֹפִית

And you thought you were all through with the כ.
This is a final ך. It comes at the end of a word.
Unlike the final letters ם or ן, a ך can have a vowel—ךָ and ךְ.

1. לֶךְ כַּךְ בָּךְ אֵיךְ תּוֹךְ הַךְ רַךְ
2. תְּנַךְ לָךְ דֶּרֶךְ בֶּרֶךְ בְּתוֹךְ עוֹדֵךְ עָרַךְ מֶלֶךְ
3. לְךָ בְּךָ שֶׁלְּךָ מִמְּךָ נֵרְךָ עַמְּךָ שִׁמְךָ בֵּיתֶךָ
4. לְבָבְךָ תּוֹרָתֶךָ אוֹרְךָ כָּמוֹךָ דְּבָרְךָ עַמֶּךָ
5. אֵיךְ אַךְ תַּאֲרִיךְ מְבָרֵךְ הָלַךְ תַּהֲלִיךְ מַלְאַךְ
6. לְבָנֶיךָ מְאוֹדֶךָ תְּהִלָּתֶךָ בְּבֵיתֶךָ עֵינֶיךָ

Make some words with ך here.

Step 2 Step 1

ך ך ך ך ך ך ך

בֶּרֶךְ דֶּרֶךְ

שִׁמְךָ לְבָבְךָ

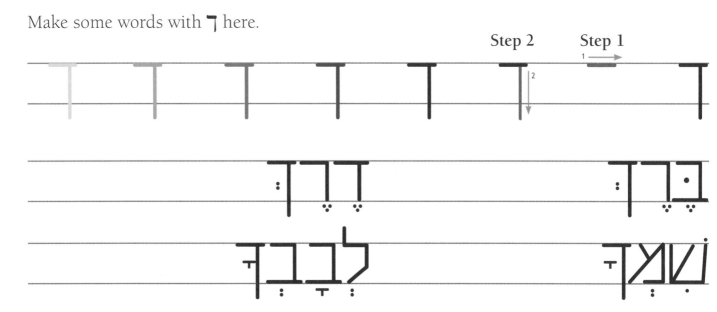

Here are more words from the Siddur.

1. מוֹדֶה אֲנִי מֶלֶךְ רַבָּה אָבוֹא בֵּיתֶךָ
2. מַלְבִּישׁ מַתִּיר הַמֵּכִין שֶׁאָמַר הָעוֹלָם
3. אַשְׁרֵי יוֹשְׁבֵי בֵיתֶךָ עוֹד הָעָם שֶׁכָּכָה
4. אֲרוֹמִמְךָ הַמֶּלֶךְ שִׁמְךָ לְעוֹלָם וָעֶד
5. וַאֲהַלְלָה שִׁמְךָ דּוֹר לְדוֹר כְּבוֹד הוֹדֶךָ
6. לְהוֹדִיעַ לִבְנֵי הָאָדָם תְּהִלָּה לְדָוִד עֵינֵי
7. וְאַתָּה נוֹתֵן לָהֶם אֶת בְּעִתּוֹ שְׁמַע
8. וְאֶת שַׁוְעָתָם וִיבָרֵךְ מֵעַתָּה וְעַד עוֹלָם
9. וְאָהַבְתָּ אֶת הַדְּבָרִים הָאֵלֶּה עַל לְבָבֶךָ
10. וְשִׁנַּנְתָּם לְבָנֶיךָ וְדִבַּרְתָּ בְּשִׁבְתְּךָ בְּבֵיתֶךָ
11. לְמַעַן שְׁמוֹ בְּאַהֲבָה מֶלֶךְ וְנוֹרָא אֵל
12. מֵתִים אַתָּה רַב לְהוֹשִׁיעַ מוֹרִיד הַטָּל

Avi's Story
as told by מָהִיר

Remember when I told you that אֲבִי and דְּבוֹרָה had a son named אִיתָמָר? He was the first baby to speak only Hebrew.

What a good idea! And what a bad idea!

It was a good idea because אִיתָמָר would be an excellent Hebrew speaker. It was a bad idea because אִיתָמָר would have to be kept away from everybody except אֲבִי and דְּבוֹרָה. He couldn't meet friends and neighbors and relatives. And he couldn't play with other children because they didn't speak עִבְרִית.

That wasn't so bad when אִיתָמָר was an infant. But little אִיתָמָר got pretty lonesome when he was two or three years old, and wasn't allowed to play with other children.

So what did אֲבִי and דְּבוֹרָה do? They got him a dog!

Guess who?

That's how I joined the Ben Yehudah family. And that's how I became the first Hebrew-speaking dog. I didn't really speak עִבְרִית. I barked just like every other dog. But I understood עִבְרִית.

When אִיתָמָר said, "בּוֹא, מָהִיר" I came running.

When he said, "שֵׁב, מָהִיר" I sat down.

עֲצֹר!

אֲנִי כֶּלֶב טוֹב! We were a great team.

LESSON 13A

בּוּ
בֻּ
קִבּוּץ
שׁוּרֶק

בּוּ and בֻּ say "BOO!"

Now you can read these beyooootiful sounds and words.

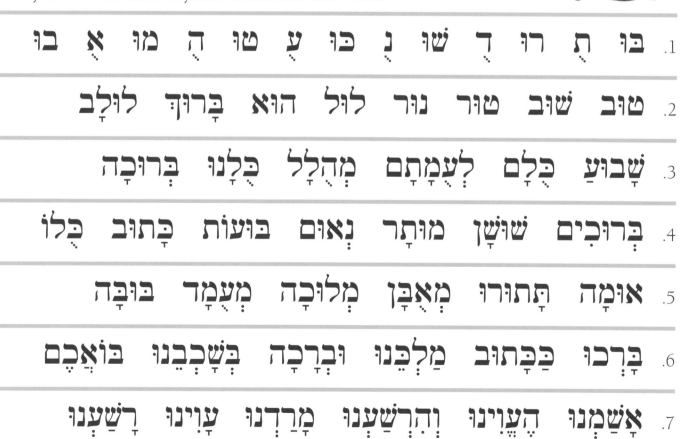

1. בּוּ תֻּ רוּ דֻ שׁוּ נֻ כּוּ עֻ טוּ הֻ מוּ אֻ בוּ

2. טוּב שׁוּב טוּר נוּר לוּל הוּא בָּרוּךְ לוּלָב

3. שָׁבוּעַ כֻּלָּם לְעֻמָּתָם מְהֻלָּל כֻּלָּנוּ בְּרוּכָה

4. בְּרוּכִים שׁוּשָׁן מוּתָּר נְאוּם בּוּעוֹת כָּתוּב כֻּלּוֹ

5. אוּמָּה תָּתוּרוּ מְאֻבָּן מְלוּכָה מְעֻמָּד בּוּבָּה

6. בָּרְכוּ כַּכָּתוּב מַלְכֵּנוּ וּבְרָכָה בְּשָׁכְבֵנוּ בּוֹאֲכֶם

7. אָשַׁמְנוּ הֶעֱוִינוּ וְהִרְשַׁעְנוּ מָרַדְנוּ עָוִינוּ רָשַׁעְנוּ

Meet the root word
Bless = [בּרךּ]

Here are some words built from the root word for "bless."

Practice and circle all the words with בּרךּ.

יְיָ = אֲדוֹנָי

1. בָּרוּךְ   בְּרָכָה   בְּרוּכִים   הַמְבוֹרָךְ

2. בָּרְכוּ   בְּרָכוֹת   בָּרְכוּנִי   בָּרְכֵנוּ   נְבָרֵךְ

3. בַּבְּרָכָה   בִּרְכַּת   לִבְרָכָה   בָּרוּךְ   אַתָּה   יְיָ

4. בָּרוּךְ   אַתָּה   יְיָ   אֱלוֹהֵינוּ   מֶלֶךְ   הָעוֹלָם

Practice these Siddur phrases!
How many times can you find the word בָּרוּךְ here?

SIDDUR WORDS

5. בָּרְכוּ   אֶת   יְיָ   הַמְבוֹרָךְ

6. בָּרוּךְ   יְיָ   הַמְבוֹרָךְ   לְעוֹלָם   וָעֶד

7. מִי   כָמוֹכָה   בָּאֵלִים   יְיָ

8. בָּרוּךְ   שֵׁם   כְּבוֹד   מַלְכוּתוֹ   לְעוֹלָם   וָעֶד

9. וְאָהַבְתָּ   אֵת   יְיָ   אֱלוֹהֶיךָ   בְּכָל   לְבָבְךָ

10. אֵין   כֵּאלוֹהֵינוּ   אֵין   כַּאדוֹנֵינוּ   אֵין   כְּמַלְכֵּנוּ

Practice these vocabulary words. Then match them to as many of the pictures below as you are able. Write the picture's number in the box next to the correct word.

1. ☐ תַּלְמִיד ☐ שַׁבָּת ☐ תּוֹרָה ☐ דּוֹב ☐ טַלִּית

2. ☐ בֶּטֶן ☐ עוֹלָם ☐ מוֹרֶה ☐ אָדָם ☐ נֵר תָּמִיד

3. ☐ טֶבַע ☐ לֵב ☐ רִמּוֹנִים ☐ וַשְׁתִּי ☐ רַעֲשָׁן ☐ וֶרֶד

4. ☐ דְּבַשׁ ☐ תַּלְמִידָה ☐ לוּלָב ☐ הַבְדָּלָה ☐ דֶּלֶת

5. ☐ נֵר ☐ הָמָן ☐ בֶּרֶךְ ☐ כֶּלֶב ☐ טוֹב ☐ מָהִיר

6. ☐ תַּלְמִידִים ☐ מוֹרָה ☐ תַּלְמִידוֹת ☐ אַבִּי ☐ רַב

1
2
3
4
5
6
7
8
9
10
11
12
13
14
15
16
17
18
19
20
21
22
23
24
25
26
27
28
29
30
31
32

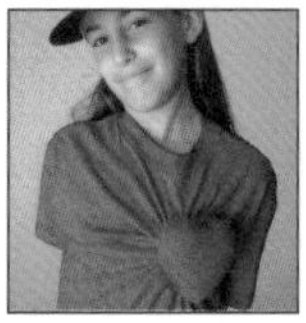

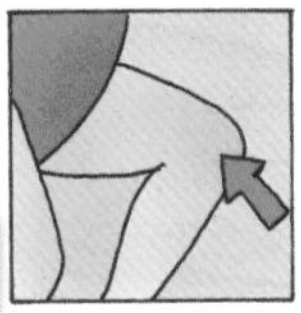

Meet the י (Yud)

Your teacher will help you meet these י words.

יוּד

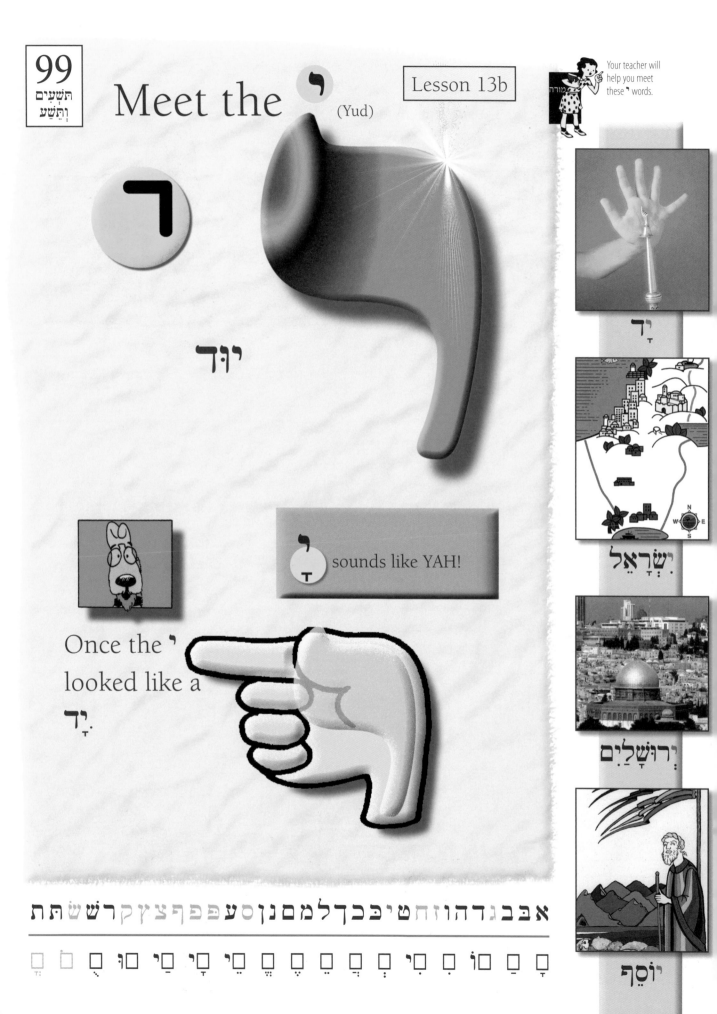

יָ sounds like YAH!

Once the י looked like a יָד.

יָד

יִשְׂרָאֵל

יְרוּשָׁלַיִם

יוֹסֵף

אבּבגדהוזחטיכּכךלמםנןסעפּפףצץקרשׁשׂתּת

בָ בַ בוֹ בֹ בִי בְ בֵ בֶ בֵי בָי בַי בִי בוּ בֻ בֳ

Do you remember the יִ?
יִ

You learned it in words like:
מָהִיר
אָבִי

יָה = Ya

1. יָ יַ יֵ יֶ יוֹ יוּ יִ יֻ יְ יָם יָד יֵשׁ יוֹם

2. יַעַר יַבָּשָׁה יַלְדָה יָהִיר יַלְדוּת יְלָלָה מִיָּד

3. יְמָמָה יַהֲלוֹם יְבָרֵךְ יִתְרוֹמָם יְרוּשָׁה יַיִן

4. מַיִם בַּיִת אַיִל לַיִל לָיְלָה טִיּוּל יֶלֶד כִּיּוֹר

5. נְיָר יוֹנָה יַכִּירוּ הַלְלוּיָהּ דַּיֵּנוּ יִמְלוֹךְ יְרוּשָׁלַיִם

Here are some Siddur phrases to practice!

1. יְהַלְלוּ אֶת שֵׁם יי

2. אֲדוֹן עוֹלָם אֲשֶׁר מָלַךְ

3. שֶׁבְּכָל-הַלֵּילוֹת אָנוּ אוֹכְלִין

4. אֵין כְּמַלְכֵּנוּ אֵין כְּמוֹשִׁיעֵנוּ

5. בְּכָל-עֵת וּבְכָל-שָׁעָה בִּשְׁלוֹמֶךָ

6. יי מֶלֶךְ יְיָ מָלָךְ יי יִמְלוֹךְ לְעוֹלָם וָעֶד

דַּבֵּר עִבְרִית

Micah

Rami

Even when you move half way around the world, some things in your family stay the same. For our family, allowance was one of those things. Our allowance was in Israeli money, called *shekels*.

I was on my own much more in Israel than I ever was in America. Every day I walked out the door with three things in my pocket: money, a bus pass, and a phone card. With those three things, the world was mine. Once school ended for the day, my adventures would begin! There was the daily stop to the *makolet*, to say *shalom* to Avi, my friend's *abba* (dad), to buy a package of *klafim* (trading cards) and a snack. My friends would buy a small bag of either *Bamba*, the Israeli version of Cheetos, or *Bisli*, which cannot be described other than to say that it comes in flavors like pizza, falafel, grill and onion. For the chocolate lovers there is *Crem-bo*, a round chocolate-covered marshmallow cream candy, with a cookie on the bottom. Then to wash all these goodies down, there are plastic bags of rich '*shoko*', chocolate milk.

My older brother and his teenage friends took a bus every day after school to the center of town. There they bought a snack at McDonald's and spent hours at Tower Records. From there it was a short walk across the street to the Blockbuster Video Store. The membership card Rami carried looked just like the one we had in America, except that our name was typed in Hebrew. It was so cool that we kept the card, even when we got back to America. Our Israeli Blockbuster card doesn't work in Los Angeles.

מִסְפָּרִים 1-6

אַחַת

שְׁתַּיִם

שָׁלֹשׁ

אַרְבַּע

חָמֵשׁ

שֵׁשׁ

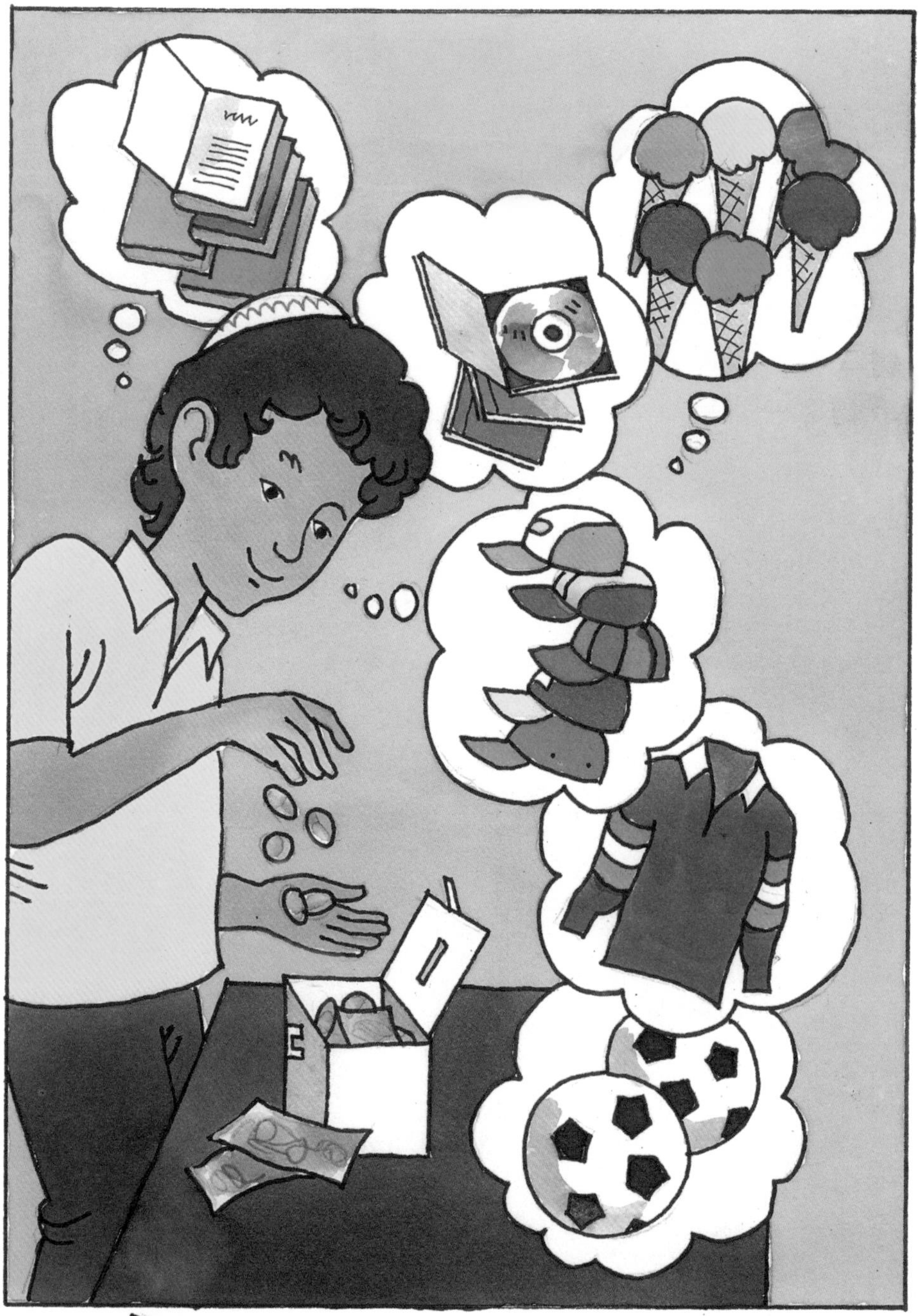

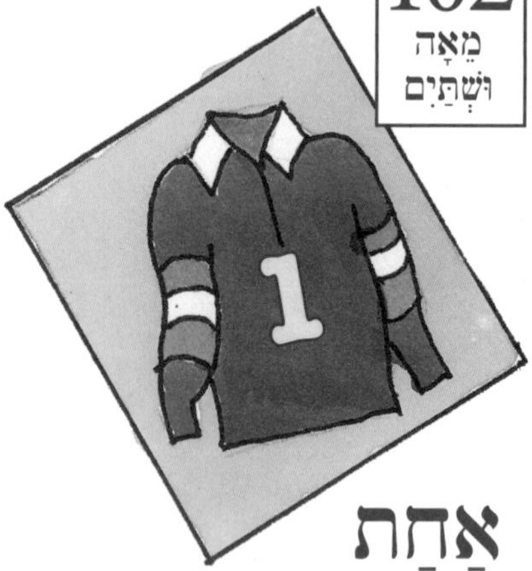

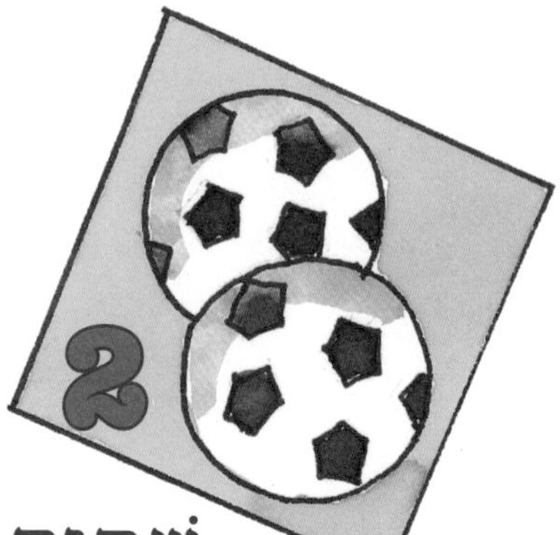

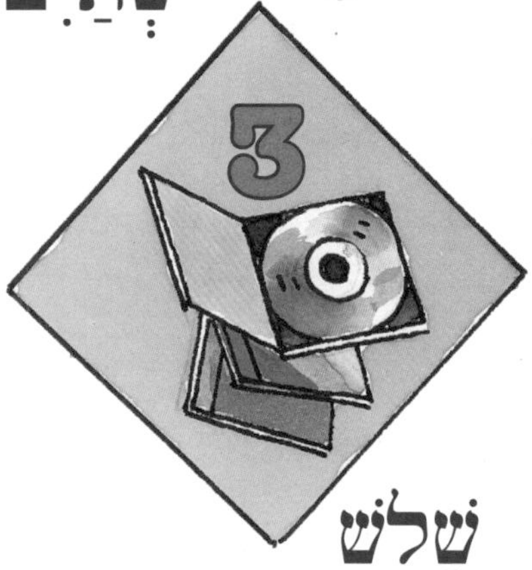

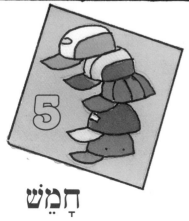

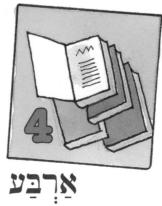

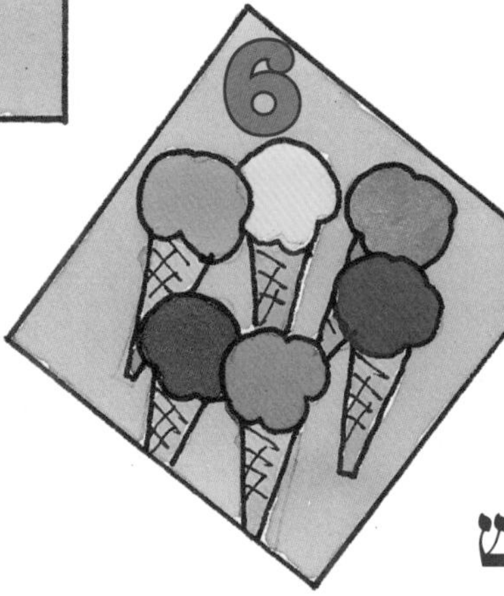

"Read" each line.

      .1

      .2

      .3

       .4

3 1 4 5 2 6 1 **.5**

6 5 4 3 2 1 5 **.6**

3 6 1 5 3 2 4 **.7**

עֲצֹר! 1 2 3 4 5 6 **.8**

Meet the ח (Het)

LESSON 14A

Your teacher will help you meet these ח words.

ח

חֵית

ח sounds like HA

ח was the picture of a חַלּוֹן, which means window.

חַלָּה

חֲנֻכִּיָּה

חֹשֶׁן

חֲבֵרִים

אבּבגדהוזחטיכּכךלמםנןסעפּפףצץקרשׁשׂתּת

Get ready to growl again.
Time for the letter חֵית.

1. חָ חוֹ חִי חַ חֵ חוּ חֶ חְ חֲ חֱ חֵי

2. חֶן חַם חָד חָל חוֹל חָשׁ חַי חַיִים לְחַיִים

3. חֲנֻכָּה חֲנֻכִּיָה חַלָה לוּחוֹת חוֹשֶׁן חָבִיב

Careful!

4. מֶלַח לֶחֶם חֶמְאָה שַׁחֲרִית אָח חַנָה

5. חֲבֵרִים שׁוֹלַחַת מַחְבֶּרֶת כְּחֻלָה דַחְלִיל

6. חֲבָל חָבֵר חוֹדֶשׁ חַיָה חָלָב תַחַת חֲנֻכִּיָה

7. חֵטְא תְחִלָה חִנוּךְ בָּחַר בּחוּר בַּחוּרָה בְּדִיחָה

Ready, set, make a ח:

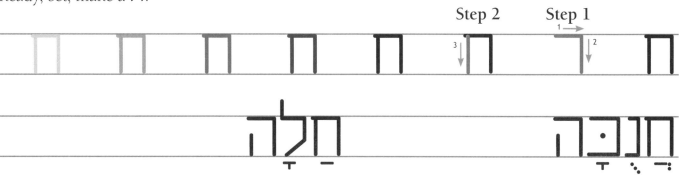

Step 2 Step 1

ח ח ח ח ח ח ח ח

חֲנֻכָּה חַלָה

The ח (חֵית) is a funny letter.
At the end of the word חַ is pronounced אַח.

1. לוּחַ רוּחַ רֵיחַ אוֹחַ טִיחַ חוֹחַ שׁוֹלֵחַ יָרֵחַ

2. טוֹרֵחַ בּוֹרֵחַ בְּרוּחַ לְשַׁבֵּחַ מָשִׁיחַ אֲבַטִּיחַ

Here are more phrases from the Siddur.

3. מֶלֶךְ מַלְכֵי הַמְּלָכִים

4. עָלֵינוּ לְשַׁבֵּחַ לַאֲדוֹן הַכּוֹל

5. בַּיּוֹם הַהוּא יִהְיֶה יְיָ אֶחָד וּשְׁמוֹ אֶחָד

6. וַאֲנַחְנוּ כּוֹרְעִים וּמִשְׁתַּחֲוִים וּמוֹדִים

7. כַּכָּתוּב בְּתוֹרָתֶךָ יְיָ יִמְלוֹךְ לְעוֹלָם וָעֶד

TREASURE HUNT: The three letters [מלך] mean ruler. Four words in this exercise use these letters in this order. Can you find them?

This is a great time to review vocabulary words.

Why did you leave me out?

Vocabulary Word Search

You know how to read a lot of words. Use the words and pictures around this word search as the clues to finding the hidden words.

רַעֲשָׁן

כֶּלֶב

דֶּלֶת

אָדָם

מוֹרֶה

עֵ	יִ	רְ	חְ	מְ	נַ	הֶ	לֶ	ת	נֵ
י	לֶ	מּ	תַּ	נַ	ע	וֹ	לָ	ם	רְ
נַ	דֶּ	וֹ	חַ	הֵ	תּ	וֹ	רָ	ה	תָּ
יִ	לֶ	נְ	ת	ל	הַ	כֶּ	לֶ	ב	מְ
ם	ת	י	מַ	חְ	בֶּ	רֶ	ת	אַ	י
אָ	דָ	ם	מָ	ה	טֶ	בֶּ	רֶ	ךְ	דּ
אַ	בְּ	רַ	עֲ	שָׁ	ן	שֶׁ	מ	ל	וֹ
מ	חַ	לָ	ה	דִ	יָ	לְ	וֹ	וּ	ב
הַ	תַּ	לְ	מִ	י	ד	חָ	רָ	חַ	יִ
מ	וֹ	רֶ	ה	עַ	יִ	ן	ה	י	ם

בֶּטֶן

דּוֹב

נֵר תָּמִיד

רִמּוֹנִים

מוֹרָה

עוֹלָם

מְנַהֵל

עַיִן

שֻׁלְחָן

תַּחַת

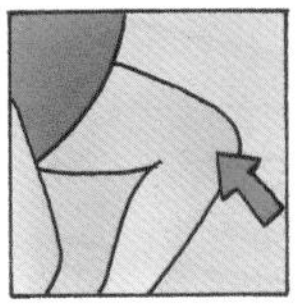

בֶּרֶךְ

חַלָּה

עֲצֹר!

תַּלְמִיד

לוּחַ

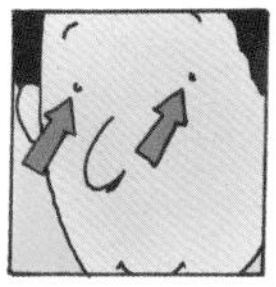

עֵינַיִם

מַחְבֶּרֶת

מְנַהֶלֶת

תּוֹרָה

Who took the וֹ?

חוֹלָם חָסֵר
ד
ו
ד

Sometimes the חוֹלָם vowel is written with the Vav: וֹ
and sometimes the חוֹלָם is written without the Vav: ֹ

1. מֹ חֹ כֹּ לֹ נֹ שֹׁ טֹ לֹא בֹּא כֹּה עֹל כֹּל

2. כֹּחַ רֹעַ חֹחַ מֹחַ נֹחַ לֹבֶן רֹב דֹר עֹנִי

3. אָנֹכִי אֲדֹנָי אָדֹם כֹּהֵן כְּתֹנֶת מְאֹד כֹּתֶל

4. הַמְבֹרָךְ חֹדֶשׁ רֹאשׁ מֹשֶׁה חֹשֶׁן שְׁלֹשָׁה

Look at how many phrases you can now recite from the prayer אֲדוֹן עוֹלָם!

1. אֲדוֹן עוֹלָם אֲשֶׁר מָלַךְ

2. בְּעֵת אִישַׁן וְאָעִירָה

3. יְיָ לִי וְלֹא אִירָא

4. בְּלִי רֵאשִׁית בְּלִי תַכְלִית

5. וְהוּא הָיָה וְהוּא הֹוֶה וְהוּא יִהְיֶה

6. וְאַחֲרֵי כִּכְלוֹת הַכֹּל לְבַדּוֹ יִמְלֹךְ נוֹרָא

7. וְהוּא אֶחָד וְאֵין שֵׁנִי לְהַמְשִׁיל לוֹ לְהַחְבִּירָה

Do you have a כֶּלֶב?
Does your כֶּלֶב sleep a lot?

Most dogs do. I sleep a lot—sometimes in the morning, sometimes in the afternoon, on and off at night.

אָבִי hardly every slept.
דְּבוֹרָה would worry.
She'd tell him to go to sleep.

Avi's Story
as told by מָהִיר

This story continues on the next page.

O, Oh

Sometimes the same word is spelled in different ways. Check out these words.

מוֹשֶׁה	מֹשֶׁה
הַמְבוֹרָךְ	הַמְבֹרָךְ
לוֹא	לֹא
חוֹדֶשׁ	חֹדֶשׁ
כּוֹל	כֹּל

This very big ָ is called a kammatz katan. It says וֹ.

כָּל

Avi's Story
as told by מָהִיר

אֱבִי would say:

מִמְחָטָה???
מִמְחָטָה!

And אֱבִי would explain to דְּבוֹרָה that there was no word in ancient Hebrew for "handkerchief." (I guess they hadn't been invented yet.)
So אֱבִי found an ancient word meaning "wipe your nose," and he changed it a little to make

מִמְחָטָה.

And that wouldbe the new Hebrew word for handkerchief.

עֶשְׂרֵה

Race your frog against your neighbor's frog by saying all the words on your track correctly. The first frog to finish is the winner.

You can also use your frogs for a team effort. Each member of the team "leaps" to the next word.

Start Here

לֹא
חֶדֶר
כֹּחַ
חַיָּב
נִשְׁבָּר
רֵיחַ
מֶלַח
אַחֲרֵי
חֹדֶשׁ
בָּרוּךְ
אָנֹכִי
יוֹדַעַת
מַחְבֶּרֶת
אֱלֹהִים
כַּכָּתוּב
וּלְשׁוֹנֵנוּ
וְאָכַלְתָּ
רַבּוֹתַי
יְבָרֵךְ
אָבִינוּ

Start Here

כֹּל
לֶחֶם
נֹחַ
שׁוֹבֵר
חַנָּה
לוּחַ
בָּחַר
חֲבֵרִים
רֹאשׁ
אַחֶרֶת
אֲדֹנָי
שׁוּלְחָת
שַׁחֲרִית
אֱלֹהֵינוּ
אֲרֻחָה
הַמַּעֲלוֹת
וּבֵרַכְתָּ
וּבְטוּבוֹ
נְבָרֵךְ
מַלְכֵּנוּ

עֲצֹר!

Meet the ס (Samekh)

Your teacher will help you meet these ס words.

ס

סָמֶךְ

The name of this letter is ס (סָמֶךְ).
It sounds just like an S.

סָ sounds like SA

סֻכָּה

סִינַי

סְבִיבוֹן

סִדּוּר

אבּבגדהוזחטיכּכךלמםנןסעפּפףצץקרשׁשׂתּת

◌ָ ◌ַ ◌וֹ ◌ֹ ◌ִי ◌ִ ◌ְ ◌ֵ ◌ֵי ◌ֶ ◌ֶי ◌ַי ◌ָי ◌וּ ◌ֻ ◌ ◌ֳ

מֵאָה וּשְׁלֹשׁ עֶשְׂרֵה

Practice these ס words and sounds. Watch out for the yellow circle!

1. סֶ סוֹ סַ סֹ סְ סוּ סֵ סָ סִי סֶ
2. סַל סוֹב סוֹד סוּר סוּס סֵדֶר סֻכָּה סַם
3. סִדּוּר סֻכּוֹת חֲרֹסֶת חֶסֶד סוֹמֵךְ חָסִיד
4. כִּסֵּא כִּסְאוֹ הַמְּסוּרִים הַנִּסִּים סוֹמְכִים אָסוּר
5. סֻלַּם סוֹלֵל טִיסָה סַבָּא סָבְתָא
6. הִסְתּוֹבֵב יַסְכִּים הַסְכָּמָה טַוָּס
7. סְעֻדָה מִסְעָדָה סַבְלָנוּת בְּסֵדֶר
8. סִינַי סְבִיבוֹן מְסַיֵּם הִסְתַּדְּרוּת

Now print some spectacular ס letters and words.

Step 1 Step 2

ס ס ס ס ס ס ס

סֵדֶר סִדּוּר

סֻכָּה סֻכּוֹת

Oh goody! Siddur words and phrases to practice!

SIDDUR WORDS

1. אֲדֹנָי מְחַיֵּה מֵתִים רַב לְהוֹשִׁיעַ

2. מוֹרִיד הַטָּל מַשִּׁיב הָרוּחַ חַיִּים

3. מְכַלְכֵּל בְּחֶסֶד מְחַיֵּה מֵתִים בְּרַחֲמִים

4. סוֹמֵךְ וּמַתִּיר אֲסוּרִים אֱמוּנָתוֹ מִי

5. לִישֵׁנֵי מֶלֶךְ מֵמִית וּמְחַיֶּה יְשׁוּעָה

6. וְנֶאֱמָן לְהַחֲיוֹת חוֹלִים בִּנְסֹעַ חֲסָדִים

7. אֵין לָנוּ מֶלֶךְ אֶלָּא אַתָּה

8. יְיָ יִמְלֹךְ לְעוֹלָם וָעֶד

9. יְהִי שֵׁם יְיָ מְבֹרָךְ מֵעַתָּה וְעַד עוֹלָם

10. וַיְהִי בִּנְסֹעַ הָאָרֹן וַיֹּאמֶר מֹשֶׁה

11. דְּרָכֶיהָ דַרְכֵי נֹעַם וְכָל נְתִיבוֹתֶיהָ שָׁלוֹם

Practice this vocabulary. See how many of them you remember.

1

בִּימָה

נֵר תָּמִיד

תּוֹרָה

יָד

רִמּוֹנִים

חֹשֶׁן

רַב

סִדּוּר

טַלִּית

סֻכָּה

2

בֶּרֶךְ

בֶּטֶן

תַּחַת

יָד

5

חֲנֻכִּיָּה

סְבִיבוֹן

רַעֲשָׁן

לוּלָב

3

שֻׁלְחָן

כִּסֵּא

לוּחַ

מַחְבֶּרֶת

דֶּלֶת

6

נֵרוֹת

כּוֹס יַיִן

חַלָּה

4

תַּלְמִיד

תַּלְמִידָה

תַּלְמִידִים

תַּלְמִידוֹת

מוֹרֶה

מוֹרָה

מְנַהֵל

מְנַהֶלֶת

עֲצֹר!

Practice these words and sounds.

1. סֵדֶר חֲרֹסֶת מָרוֹר לוּלָב סֻכָּה רַעֲשָׁן

2. מְנוֹרָה חֲנֻכִּיָּה נֵרוֹת כּוֹס יַיִן חַלָּה דְּבַשׁ

3. אַרְבַּע כּוֹסוֹת סִדּוּר שֻׁלְחָן כִּסֵּא שַׁמָּשׁ

4. אַחַת שְׁתַּיִם שָׁלֹשׁ אַרְבַּע חָמֵשׁ שֵׁשׁ

5. שֶׁבַע שְׁמוֹנֶה תֵּשַׁע סִימָן הָאַחֲרוֹן בְּרֵכָה

6. סְחוֹרָה סַכָּנָה סֻלָּמִים סְמִיכוּת סְמַרְטוּט

Avi's Story

as told by מָהִיר

One night I woke up suddenly. אֲבִי was all excited. He was running around the room. It was 4:00 a.m. Suddenly אֲבִי saw me, hugged me and said:

פְּצָצָה!!!

פְּצָצָה???

It was his new word for bomb. It sounds like a bomb. Ancient Hebrews had no bombs– so אֲבִי had to make up the word.

מָטוֹס	הַנִּסִּים	יַסְבִּיר
מְסִבָּה	חֲרֹסֶת	סְבִיבוֹן
כִּסֵּא	אָסוּר	מַסֵּכָה

Play Tic Tac Toe with a friend. If you read the word correctly, you may mark it X or O.

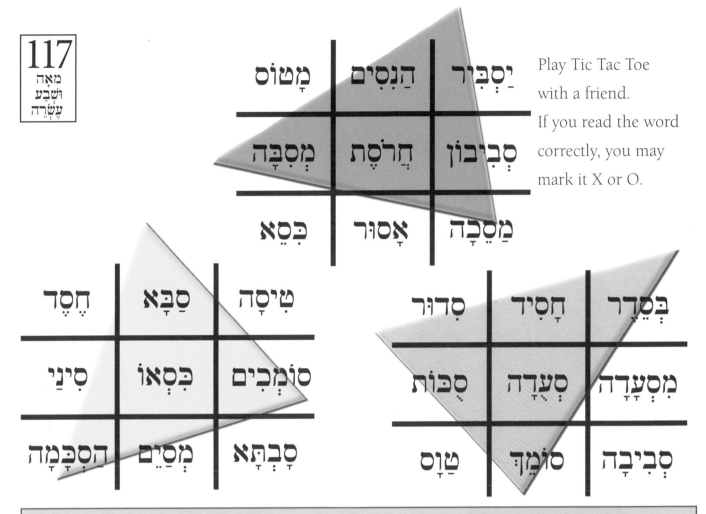

חֶסֶד	סַבָּא	טִיסָה
סִינַי	כִּסְאוֹ	סוֹמְכִים
הַסְכָּמָה	מְסַיֵּם	סָבְתָא

סִדּוּר	חָסִיד	בְּסֵדֶר
סֻכּוֹת	סְעֻדָּה	מִסְעָדָה
טַוָּס	סוֹמֵךְ	סְבִיבָה

דַּבֵּר עִבְרִית

There are buses and bus stops on almost every street in Jerusalem. One flash of the *cartisia* (bus pass) and you can get anywhere in the city. All of the buses in Israel have a number. The bus that ran by the house I lived in is number 19. When the bus arrives, everyone rushes to get on, even when the bus is empty and everyone is sure to get a seat. Kids in Israel, like everywhere else, always go to the back of the bus. Some of the buses are so big that they are built in two sections, and they bend when they go around the corner. I used to love to stand where the two halves come together, and ride the circle on the floor of the bus as the bus makes that turn.

Bird
Micah

Everyone rides the buses; people coming home from the market loaded down with bundles of food for the week or flowers for Shabbat. You can see lots of soldiers with their rifles on the bus. Sometimes a soldier wearing a uniform rides the bus for free.

Riding the bus reminds me of a Doctor Seuss book. I watched people drag onto the bus boxes so big that they barely fit through the doors. I was riding the bus once when a man brought on a wooden crate with two live chickens. I don't know if the chickens needed a ticket!

No matter how noisy or crowded the bus is, every hour on the hour, the bus becomes quiet. The radio goes, "beep, beep, beep," to announce that the news report is about to start. The driver turns the radio a bit louder and everyone on the bus, even the kids in the back and the chickens, quiets down to pay attention. The news might announce something important that we all would want to know.

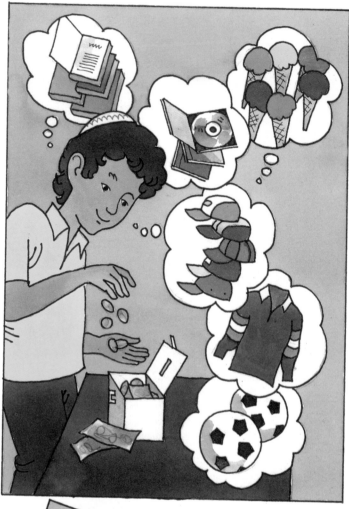

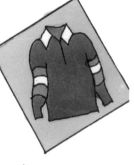

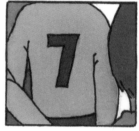

עֶשְׂרֵה

מִסְפָּרִים 7-12

שֶׁבַע

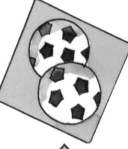

שְׁמוֹנֶה

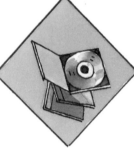

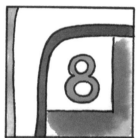

תֵּשַׁע

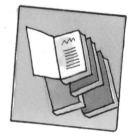

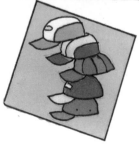

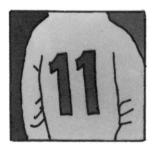

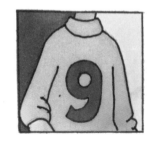

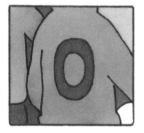

עֶשֶׂר

אַחַת עֶשְׂרֵה

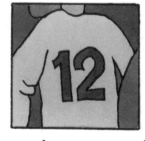

שְׁתֵּים עֶשְׂרֵה

אֶפֶס

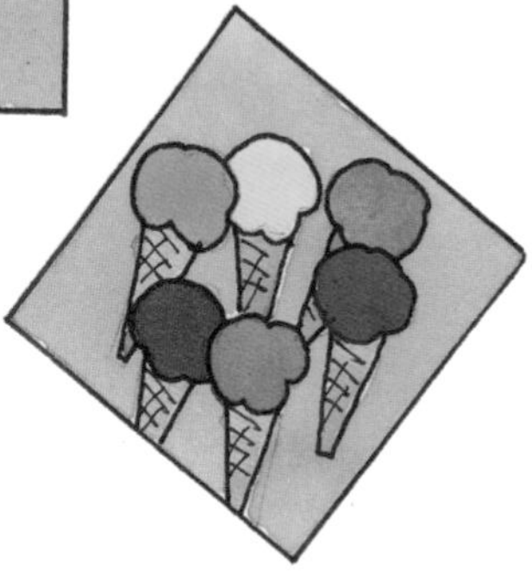

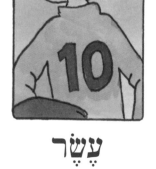

"Read" each line.

1.

2.

3.

4.

5.

אַחַת	שֵׁשׁ
שְׁתַּיִם	שֶׁבַע
שָׁלשׁ	שְׁמוֹנֶה
אַרְבַּע	תֵּשַׁע
חָמֵשׁ	עֶשֶׂר

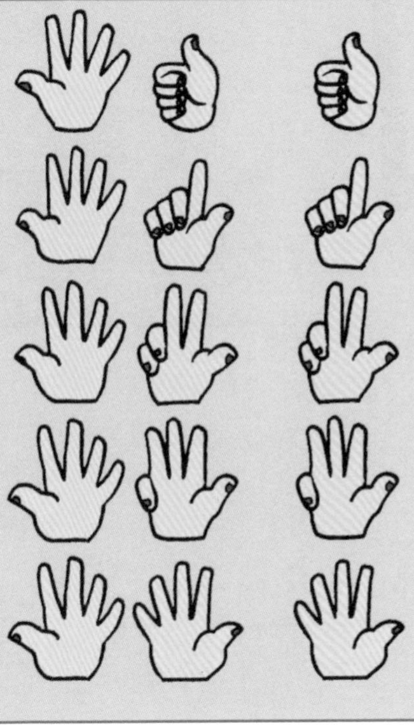

Now you read the numbers from 1-10 in Hebrew. Can you read the last one? Here's a clue:

סֶ = שֶׂ.

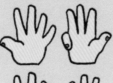

Meet the שׂ (Sin)

Your teacher will help you meet these שׂ words.

שִׂמְחַת תּוֹרָה

שִׂמְחָה

שִׂיחָה

שָׂדֶה

שִׂין

שׂ sounds like SA

אבּבגדהוזחטיכּכךלמםנןסעפּפףצץקרשׁשׂתּת

Practice these lines filled with scintillating שׂ words and sounds.

1. שֻׂ שִׂי שַׂ שֵׂ שׂוּ שָׂה שְׂ שֶׂ שֲׂ שֱׂ

2. שָׂם שַׂר שָׂרָה שָׂבַע שָׂשׂוֹן בָּשָׂר עֶשֶׂר

3. נָשָׂא בְּשָׂמִים שָׂמֵחַ שִׂמְחָה שִׂמְחַת תּוֹרָה

4. שָׂדֶה בֹּשֶׂם בְּשׂוֹרָה כֶּבֶשׂ מַשָּׂא מִשְׂרָד

5. נְשׂוּאִים מַעֲשֶׂה עֶשְׂרִים עֲשֶׂרֶת הַדִּבְּרוֹת

6. נָשִׂיא רְמָשִׂים שִׂיחָה שְׂעֹרָה שֵׂכֶל יִשְׂרָאֵל

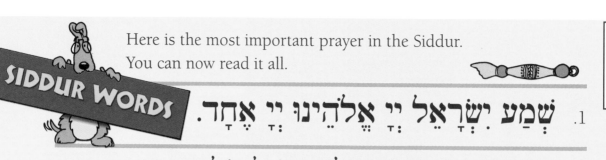

Here is the most important prayer in the Siddur.
You can now read it all.

1. שְׁמַע יִשְׂרָאֵל יְיָ אֱלֹהֵינוּ יְיָ אֶחָד.

2. בָּרוּךְ שֵׁם כְּבוֹד מַלְכוּתוֹ לְעוֹלָם וָעֶד.

Look how smart you are. You can read the numbers from 1-12. But they are not in order.
After you have read the numbers, try reading them in order.

3. שֶׁבַע אַרְבַּע שֵׁשׁ תֵּשַׁע חָמֵשׁ אַחַת-עֶשְׂרֵה

4. אַחַת עֶשֶׂר שְׁמוֹנֶה שָׁלֹשׁ שְׁתַּיִם שְׁתֵּים-עֶשְׂרֵה

Can you say these five times–quickly?

She sells seashells by the seashore.

שָׂרָה שָׁרָה שִׁיר שָׂמֵחַ.

5. שַׂר שָׂר שִׁירוֹן שִׁרְיוֹן שָׁשׂוֹן שֶׁשֶׁר נָשִׁים נְשִׁים

6. שָׂרַד שָׂרָב שְׂרִיטָה שְׂרִידָה כָּשֵׁר הִשְׂכִּיל

7. הִשְׁכִּים הִשְׂכִּיר הִשִּׂיא עֲשִׂירָה עֲשִׂירִי

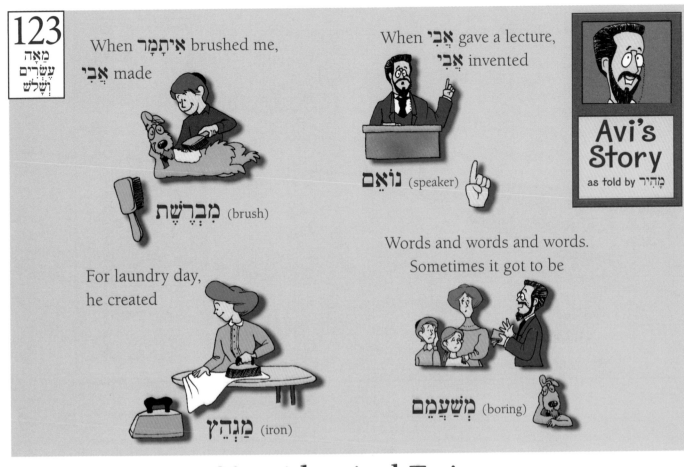

When אִיתָמָר brushed me,
אֲבִי made

מִבְרֶשֶׁת (brush)

When אֲבִי gave a lecture,
אֲבִי invented

נוֹאֵם (speaker)

For laundry day,
he created

מַגְהֵץ (iron)

Words and words and words.
Sometimes it got to be

מְשַׁעֲמֵם (boring)

Non-identical Twins

Here are word twins (or triplets) that look alike, but are NOT alike. Can you read them? Be very careful!

1. דּוֹר דּוֹד דּוּד
2. מָהִיר מְחִיר
3. טָמַן מַתָּן
4. כְּאֵב כְּאָב כָּאַב
5. בְּכוֹרָה בְּכִירָה
6. כִּלְכֵּל בִּלְבֵּל
7. מוֹרֵד מוֹדֵד
8. דוֹר דוֹד
9. מָרוֹר מָדוֹר
10. בָּבַת בַּבַּת
11. שַׁבָּת שָׁבַת
12. אָדוֹן אָרוֹן
13. כְּלוּם כְּלוּב
14. לָרֶדֶת לָלֶדֶת
15. שְׁלוֹם שָׁלוֹם
16. מָטָר תָּמָר
17. בָּרוּךְ בָּרוּךְ
18. לִשְׁמוֹר לִשְׁבּוֹר
19. כַּלָּה בָּלָה
20. לָכַד לַכַּד

But אֲבִי was never bored. He wrote all night, and he read and studied and paced back and forth. And sometimes he invented another new word.

בַּקְבּוּק (bottle)

It even sounds like liquid pouring from a bottle.

אֲבִי invented new words. (Have you ever invented a new word?) And דְּבוֹרָה taught them to everyone.

Avi's Story
as told by מָהִיר

Look how many words you know! It's awesome!

1. לוּלָב שַׁבָּת בַּיִת דֶּלֶת עַם לֵב רַב הָמָן

2. בִּימָה וֶרֶד סֻכָּה טַלִּית דֹּב שָׁנָה מוֹרָה וָו

3. נָחָשׁ רַעֲשָׁן כֶּלֶב לֶחֶם דְּבַשׁ נֵרוֹת סִינַי חֹשֶׁן

4. תּוֹרָה כֹּתֶל הַבְדָּלָה ט״וּ בִּשְׁבָט לוּחַ חַלָּה

5. חֲנֻכִּיָּה וְכוּחַ רִמּוֹנִים וּשְׁתֵּי חֲבֵרִים ט״וּ בִּשְׁבָט

6. מֹשֶׁה הַלְלוּיָהּ טֶבַע סִדּוּר בֵּית כְּנֶסֶת סְבִיבוֹן

7. יִשְׂרָאֵל יְרוּשָׁלַיִם אֲדָמָה חֲנֻכָּה סֻכּוֹת רֹאשׁ

Copy the words of the **שְׁמַע** on the line below.

1. שְׁמַע יִשְׂרָאֵל יְיָ אֱלֹהֵינוּ יְיָ אֶחָד.

2. בָּרוּךְ שֵׁם כְּבוֹד מַלְכוּתוֹ לְעוֹלָם וָעֶד.

Now you can write all these vocabulary words! Cosmic!

1.

רַעֲשָׁן

2.
ראשׁ

3.
עַיִן

4.
מֹשֶׁה

5.
וִכּוּחַ

6.

חַלָּה

7.
לֶחֶם

8.
לוּלָב

9.
סֻכָּה

10.
בַּיִת

11.
סִדּוּר

12.
וֶרֶד

13.
לוּחַ

14.
שִׂיחָה

15.
תּוֹרָה

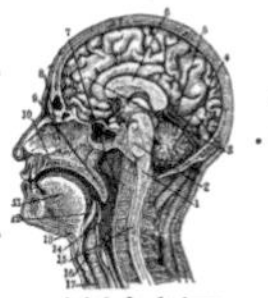

שָׁלוֹם
רָב
עַל
יִשְׂרָאֵל
עַמְּךָ
תָּשִׂים
לְעוֹלָם
כִּי
אַתָּה
הוּא
מֶלֶךְ
אָדוֹן
לְכָל
הַשָּׁלוֹם
וְטוֹב

Find the word as it appears in the box.

.1	יִשְׂרָאֵל	יִשְׂרָלֵילָהיִשְׂרָאֵלבָּאֵלִישְׂרָעֵלשְׂרָאוֹל
.2	שָׁנִים	שַׁבָּתשָׁלוֹםשָׁנָהשָׁנִיםמְשָׁנִיםשׁוֹתָה
.3	מָה	שְׁנַנְתָּםמָהנִשְׁתַּנָּהתּוֹדָהדוֹמֶהמוֹדָה
.4	לִבָּה	לָהלוֹאלִנָהלָבַּתלִבָּהלִבִּיבָּלַתלִבַּת
.5	חֶסֶד	הַשֶׁןחַישִׁיחָהחָדָשׁחֶשֶׁדחֶסֶדחֲסָדִים
.6	מָשִׁיחַ	מוֹשִׁיעַמֹשֶׁהוּמָשִׁיחַהָשִׁיעָשִׁיחָההִמְשִׁךְ
.7	בִּנְסֹעַ	וַיְהִיבִּנְסֹעַהָאָרֹןוַיֹּאמֶרמֹשֶׁהאוֹיְבֶיךָ
.8	וּמֵבִיא	בּוֹאִיבוֹאבְּרָנָההמְתִיבמָבוֹאוּמֵבִיאהֲבִינוּ
.9	וּבְדִבְרֵי	דְּבָרִיםדִּבְרֵיךָדִּבְּרוּבְדִבְרֵיהַדָּבָרמְדַבֵּר

בְּעֵינֶיךָ
לְבָרֵךְ
אֶת
עַמְּךָ
יִשְׂרָאֵל
בְּכָל
עֵת
וּבְכָל
שָׁעָה
בִּשְׁלוֹמֶךָ
אֱלֹהֵינוּ
וֵאלֹהֵי

חֶסֶד
לִמְשִׁיחוֹ
לְדָוִד
יַעֲשֶׂה
וַיְהִי
בִּנְסֹעַ
הָאָרֹן
וַיֹּאמֶר
מֹשֶׁה
וְדִבְרֵי
כָּתוּב
לֵאמֹר

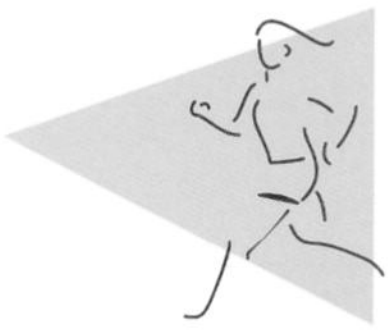

Match each Hebrew letter to its Hebrew name by drawing a line to connect them. You will have to guess at a couple but you can do this!

מֵם	א	טֵית
סָמֶךְ	בּ	כָּף
בֵּית	ד	לָמֶד
שִׁין	ה	דָּלֶת
נוּן	ו	חֵית
הֵא	ח	אָלֶף
תָּו	ט	שִׂין
עַיִן	י	יוֹד
רֵישׁ	כּ	וָו
	ל	
	מ	
	נ	
	ס	
	ע	
	ר	
	שׁ	
	שׂ	
	תּ	

Meet the פּ (Peh)

Your teacher will help you meet these פּ words.

פֵּה

Does this look like a mouth to you?
It used to be a picture of a mouth.
That's why it's called a פֵּה.

פָּ sounds like PA

פּוּרִים

פֶּסַח

פָּרוֹכֶת

פֵּירוֹת (פְּרִי)

אבּבגדהוזחטיכּכךלמםנןסעפּפףצץקרשׁשׂתּת

ָ ַ וּ ִ ִי ֵ ֵי ֶ ֶי ְ ָי ַי וֹ ֹ ֻ ֳ

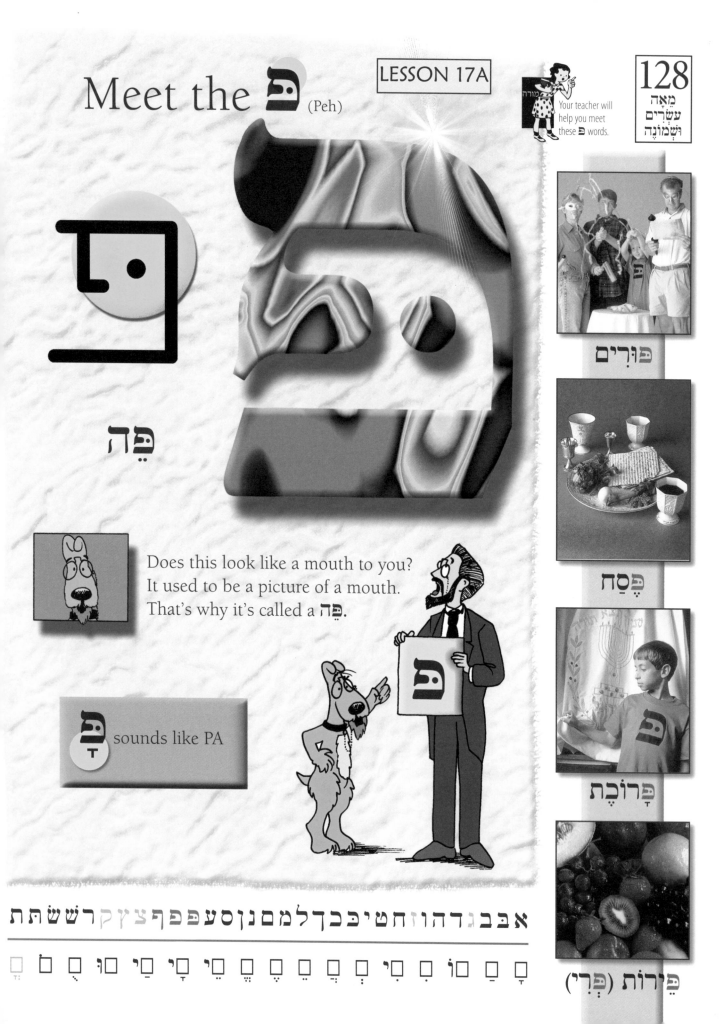

Look! More reading.

1. פֶּה פֹּה פָּה פֵּי פִּיל פַּה פּוֹל פּוּר
2. פֶּן פֶּלֶא פּוּרִים פָּר פַּרְפַּר פֵּירוֹת פְּרִי
3. פַּס פֶּסַח פִּלְפּוּל סַפָּר יִפֹּל עִפָּרוֹן טִפָּה
4. כַּרְפַּס כִּפָּה פָּרָשָׁה פֶּרַח פָּנִים יוֹם כִּפּוּר
5. פְּשָׁט פַּת פִּלְפֵּל פְּרוּטָה פָּרוֹכֶת פַּרְנָסָה
6. אִכְפַּת מְחַפֵּשׂ טִפֵּשׂ מַפָּה מַפִּית מִפְּנֵי

תַּפּוּחַ וּדְבַשׁ

Please print perfect פּ letters and words below.

Step 3 Step 2 Step 1

פּ פּ פּ פּ פּ פּ פּ פּ

פְּרִי פֶּה

פֶּסַח פָּנִים

Draw a line from each holiday's picture to its Hebrew name.

פֶּסַח

שָׁבוּעוֹת

רֹאשׁ הַשָּׁנָה

יוֹם כִּפּוּר

סֻכּוֹת

שִׂמְחַת תּוֹרָה

חֲנֻכָּה

פּוּרִים

שַׁבָּת

SIDDUR WORDS

Here are some more words from the Siddur.

1. אֵל בָּרוּךְ דֵּעָה הֵכִין חַמָּה טוֹב כָּבוֹד

2. לִשְׁמוֹ מְאוֹרוֹת נָתַן סְבִיבוֹת פִּנּוֹת רוֹמְמֵי

3. מִפְּנֵי פּוֹתֵחַ וְנִסְפַּר פּוֹדֶה פְּרִי פּוֹתֵחַ

4. יִשְׁתַּבַּח הַהוֹדָאוֹת הַמְבֹרָךְ מְסַפְּרִים

עֲצֹר!

LESSON 17B

Look what's missing!

This letter sounds like "F," and is called a פֵה.

1. פִי פַי פוֹ פַם פוּ יֹפִי
2. סֵפֶר שׁוֹפָר הֵפֶךְ נָפַל
3. כְּפִיר יָפֶה סָפַר שָׁפָן
4. אֹפֶן כְּפִירִים יִפְתַּח רֶפֶת
5. אֵיפֹה אֲפִילוּ אֶפֶס אֶפְרֹחַ אֶפְשָׁר אֹפֶן
6. שָׁפָה רוֹפֵא סוֹפֵר הַפְטָרָה מַפְטִיר מְלָפְפוֹן
7. יָפוֹת תְּפִלָּה תְּפִלּוֹת תְּפִלִּין טֹטָפוֹת כְּפוּפִים

The פ has a final form ף (פֵה סוֹפִית).

8. סוֹף דַף עוֹף חַף כָּף טַף תֹף אַף אָסַף
9. כְּכָף נֶשֶׁף חֹרֶף עָנָף אָלֶף מוּסָף עָיֵף הַכָּנָף
10. דִּפְדֵף טִפְטֵף שִׁפְשֵׁף נִפְנֵף אִנְפֵף יַנְשׁוּף

Here is a whole page of Siddur phrases for you.
Doesn't it make you want to say "Wow! Look how much I know!"

1. כָּל עוֹד בַּלֵּבָב פְּנִימָה

2. נֶפֶשׁ יְהוּדִי הוֹמִיָּה

3. נוֹרָא תְהִלֹּת עֹשֵׂה פֶלֶא

4. וְהָיוּ לְטֹטָפוֹת בֵּין עֵינֶיךָ

5. וּפְרֹשׂ עָלֵינוּ סֻכַּת שְׁלוֹמֶךָ

6. מוֹדֶה אֲנִי לְפָנֶיךָ מֶלֶךְ חַי

7. בְּכָל-לְבָבְךָ וּבְכָל-נַפְשְׁךָ וּבְכָל-מְאֹדֶךָ

8. כִּי אֵל מֶלֶךְ רוֹפֵא נֶאֱמָן וְרַחֲמָן אָתָּה

9. בָּרוּךְ אַתָּה יְיָ רוֹפֵא חוֹלֵי עַמּוֹ יִשְׂרָאֵל

10. סוֹמֵךְ נוֹפְלִים וְרוֹפֵא חוֹלִים וּמַתִּיר אֲסוּרִים

11. שֶׁבְּכָל-הַלֵּילוֹת אֵין אָנוּ מַטְבִּילִין אֲפִילוּ פַּעַם אֶחָת

Feel free to fingerprint some final ך letters.

Step 2   Step 1

כֶּסֶף   אֶלֶף

יוֹסֵף   סוֹף

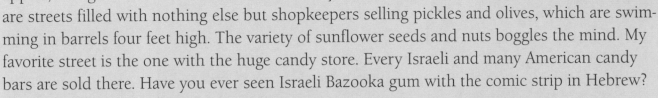

דַּבֵּר עִבְרִית Shopping at Maḥaneh Yehudah

One of the places you will not want to miss when you visit Jerusalem is the open market Maḥaneh Yehudah, on Yaffo Street—one of the liveliest, noisiest and most colorful places in Jerusalem. The sounds and smells fill the narrow alleyways. All of the food is displayed outside. Usually, each shopkeeper sings out the names of the products they are selling as well as the price.

Micah

Tomatoes and cucumbers are piled high next to lettuce, bananas, apples, oranges and some fruits I never saw anywhere else. There are streets filled with nothing else but shopkeepers selling pickles and olives, which are swimming in barrels four feet high. The variety of sunflower seeds and nuts boggles the mind. My favorite street is the one with the huge candy store. Every Israeli and many American candy bars are sold there. Have you ever seen Israeli Bazooka gum with the comic strip in Hebrew?

Maḥaneh Yehudah is always crowded with people carrying shopping bags overflowing with their purchases, bumping into each other throughout the narrow twisting alleyways. Everything is fresher and costs less in Maḥaneh Yehudah than it does at the supermarket. The produce is not packaged, and each person picks out what he or she wants, puts it in a plastic bag, and hands it to the shopkeeper to weigh. There are no shopping carts, and you have to carry all the produce yourself. It can really get heavy. Once I had to walk back to the car two times with my mom because our purchases were just too heavy for one trip.

The busiest time to go to Maḥaneh Yehudah is Friday morning, when it seems that everybody in the city is buying fruits, vegetables, spices, nuts, bread, candy, cookies or chicken to prepare for Shabbat. If you go on Friday, everyone will greet you by saying, *"Shabbat Shalom."*

עוּגִיּוֹת

בָּשָׂר

מְלָפְפוֹן

עַגְבָנִיָּה

לֶחֶם

חָלָב

תַּפּוּחִים

תַּפּוּזִים

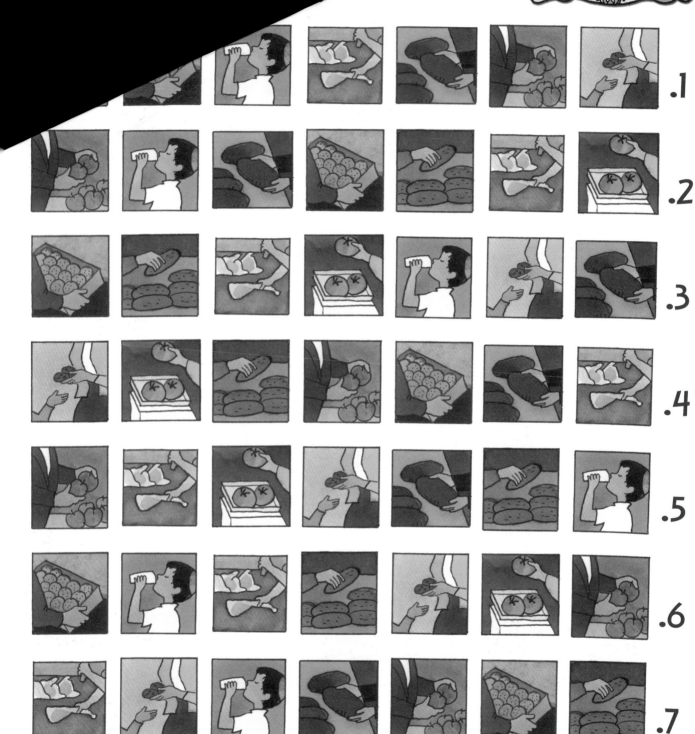

.1

.2

.3

.4

.5

.6

.7

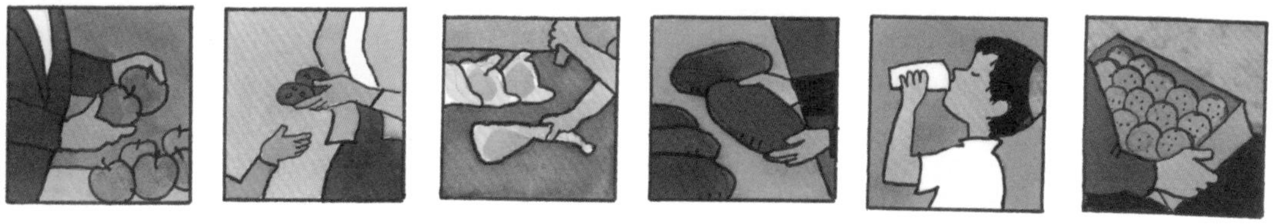

.8

 עֲצֹר!

Meet th...

זַיִן

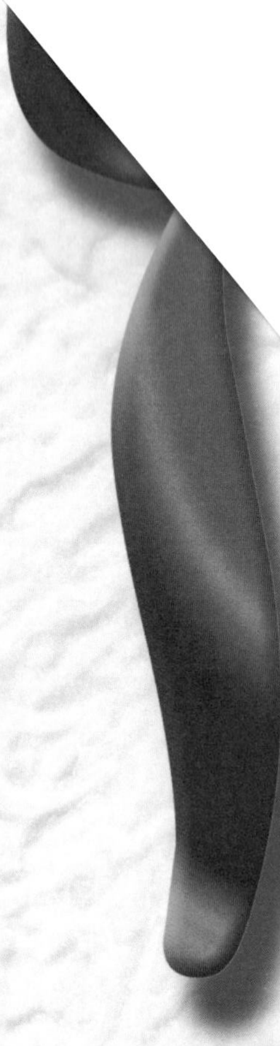

ז sounds like ZA

This is a זַיִן. It sounds like a "Z."

135

זָהָב

זְמִירוֹת

זֶרַע

אבבגדהוזחטיכךכדלמםנןסעפףפצץקרשׁשׂתּת

דֵ חֶ סֻ סִ סֻ סֵ סְ סֶ סַ סֵ סֵ סִ סֵ סֵ סֻ סֶ

You will buzz like a bizzy bee when you read your way through this exercize!

1. זֻ זוֹ זִי זֵ זֹ זְ זֶ זוּ זַי זֱ זֶה זָז זָן אָז

2. זֵר זָר זֹאת זֶמֶר זְמִירָה זְמִירוֹת חַזָּן תַּפּוּז

3. זַיִת כְּזַיִת יִזְכֹּר זְמַן לַזְּמַן זוֹכֵר מַזָּל טוֹב

4. מַחֲזוֹר מִזְרָח זְאֵב זְבוּב זָהָב זָכָר זֶפֶת זָרִיז

5. זֶרַע חֲזָרָה חֲזֶרֶת תִּזְמֹרֶת שָׁזִיף שָׁזוּף בַּרְוָז

6. אַוָּז אֹזֶן אָזְנַיִם אֵזוֹר אֶזְרָח אָחוּז

7. בַּרְזֶל מַזְכִּיר חָזֶה חֲזִיר מוּזָר מִזְבֵּחַ

8. מְזוּזָה מִזְוָדָה מָזוֹן וּמְזֻמָּן מֶרְכָּז נְזִיפָה עֶזְרָה

Now make a zillion ז letters (or at least a few nice onez).

Step 2 Step 1

ז ז ז ז ז ז ז

זָהָב זִכָּרוֹן

זֶרַע זְמִירוֹת

One day דְּבוֹרָה wanted to make a kugel, so she went to the grocery store and said:

אִטְרִיּוֹת, בְּבַקָּשָׁה.

"מָה?" said the grocer.

אִטְרִיּוֹת

said דְּבוֹרָה, as if everyone knew that word. (In fact, אֲבִי had invented it the night before. He had found a similar word in the ancient Jerusalem Talmud.) דְּבוֹרָה stamped her foot and said angrily,

אִטְרִיּוֹת!

Then she marched over and pointed to the noodles. And that's how the word אִטְרִיּוֹת became everyone's word for noodles.

Avi's Story as told by מָהִיר

Here is a fun game. Lots of English names came from Hebrew names. Can you guess which English names come from these Hebrew names?

Example:
Sarah = שָׂרָה

GIRLS		BOYS	
אִילָנָה	_____	אַבְרָהָם	_____
דְּבוֹרָה	_____	בִּנְיָמִין	_____
חַנָּה	_____	דָּנִיֵּאל	_____
עֲלִיזָה	_____	יוֹסֵף	_____
לֵאָה	_____	מִיכָאֵל	_____
מִרְיָם	_____	נֹחַ	_____
אֶסְתֵּר	_____	אָדָם	_____
רָחֵל	_____	שְׁמוּאֵל	_____

Here are some more phrases from the Siddur!

1. מַה נִּשְׁתַּנָּה הַלַּיְלָה הַזֶּה מִכָּל הַלֵּילוֹת?

2. הַלַּיְלָה הַזֶּה מָרוֹר

3. שֶׁבְּכָל הַלֵּילוֹת אֵין אָנוּ מַטְבִּילִין אֲפִילוּ פַּעַם אֶחָת

4. הַלַּיְלָה הַזֶּה שְׁתֵּי פְעָמִים

5. שֶׁבְּכָל הַלֵּילוֹת אָנוּ אוֹכְלִין בֵּין יוֹשְׁבִין וּבֵין מְסֻבִּין

6. הַלַּיְלָה הַזֶּה כֻּלָּנוּ מְסֻבִּין

7. לִפְנֵי מֶלֶךְ מַלְכֵי הַמְּלָכִים

8. וְלֹא שָׂמָנוּ כְּמִשְׁפְּחוֹת הָאֲדָמָה

9. וְזֹאת הַתּוֹרָה אֲשֶׁר שָׂם מֹשֶׁה לִפְנֵי בְּנֵי יִשְׂרָאֵל

10. עַל פִּי יְיָ בְּיַד מֹשֶׁה

11. וּכְתַבְתָּם עַל מְזֻזוֹת בֵּיתֶךָ וּבִשְׁעָרֶיךָ

עֲצֹר!

12. שֶׁהֶחֱזַרְתָּ בִּי נִשְׁמָתִי בְּחֶמְלָה רַבָּה אֱמוּנָתֶךָ

Do you remember when we introduced these vowels? Now we will tell you what they are called.

These are חֲטָף vowels.

This vowel ◌ֲ is a חֲטָף פַּתָּח.

This vowel ◌ֱ is a חֲטָף סֶגוֹל.

We say them just like the ◌ַ (פַּתָּח) and the ◌ֶ (סֶגוֹל).

1. הֲ אֲ חֲ עֲ חֱ אֱ עֱ הֱ

2. אֲבִי חֲבֵרִים אֲרוֹן חֲנֻכָּה אֲשֶׁר אֱלֹהֵינוּ

3. בֶּאֱמֶת אֱמוּנָה נֶאֱמָן לֶאֱנוֹשׁ רַחֲמָן עֱנוּ

4. יֶהֱמוּ שֶׁהֶחֱזַרְתָּ שֶׁהֶחֱיָנוּ הַחֲזִירֵנוּ אַהֲבָה

The חֲטַף קָמַץ sounds like וֹ.

.1 הֳ עֳ חֳ אֳ

.2 חֳדָשִׁים חֳרָפִים עֳנִי אֳסָפִים

Short Words–Long Words

Can you read these words? How many letters are in each word?

.3 אַחַת הָ!

.4 שְׁתַּיִם שֶׂה

.5 שָׁלֹשׁ חֹרֶף

.6 אַרְבַּע כֻּלָּנוּ

.7 חָמֵשׁ בְּשִׁבְתְּךָ

.8 שֵׁשׁ וּכְתַבְתָּם

.9 שֶׁבַע וּלְעוֹלְמֵי

.10 שְׁמוֹנֶה וְהַעֲמִידֵנוּ

.11 תֵּשַׁע מִזְבְּחוֹתֵינוּ

.12 עֶשֶׂר בְּמִשְׁמְרוֹתֵיהֶם

This is the longest word in the סִדּוּר!

Some Dots Don't Count

Say this word: **in**

Say this word: **inn**

Sometimes doubling a letter doesn't make any difference in how you pronounce a word. In Hebrew we double letters by putting a dot in them.

נּ = ננ   מּ = ממ

But we say them the same way.

Now practice these words.

1. לַּ טֶּ דּוֹ תֶּ שּׁ תַּיָּר לְמַטָּה אִשָּׁה סִיֵּם
2. הַזֹּאת תְּהִלָּה עֲנִיֵּי חַיִּים אַתָּה הַמַּעֲרִיב

Some dots come at the beginning of words but don't change the way we say them. You should have no trouble with these words.

3. תּוֹרָה דְּבַשׁ תְּפִלִּין דֶּלֶת דִּבַּרְתָּ תַּלְמִיד

But the dot in the הּ makes it a LOUD הּ.

הּ = ההההה!

Okay, now make some really loud ה sounds.

4. תָּמַהּ יְבוּלָהּ סוּסָהּ אֲהָהּ

Read these two words: שִׁירָה שִׁירָהּ

When your teacher calls out a number, read the word in that box.

פֶּסַח	יִשְׂרָאֵל	זֶרַע	סִדּוּר
4	3	2	1
שִׂמְחָה	כַּרְפַּס	סֻכָּה	טַלִּית
8	7	6	5
חֲנֻכִּיָּה	זִכָּרוֹן	הַלְלוּיָהּ	תַּפּוּחַ
12	11	10	9
יְרוּשָׁלַיִם	בֵּית כְּנֶסֶת	אָדָם	רֹאשׁ
16	15	14	13
שׁוֹפָר	שִׂיחָה	עוֹלָם	רִמּוֹנִים
20	19	18	17
כִּפָּה	תְּפִילִין	דְּבַשׁ	מְזוּזָה
24	23	22	21

עֲצוֹר!

Meet the ג (Gimel)

LESSON 19A

Your teacher will help you meet these ג words.

144
מֵאָה אַרְבָּעִים וְאַרְבַּע

ג

גִּימֶל

גָּ sounds like GA

This is a גִּימֶל.
It used to look like a גָּמָל.

גָּדוֹל

גֶּשֶׁם

גָּמָל

גְּמִילוּת חֲסָדִים

אבבגדההוזחטיככדלמסמנןסעפפףצץקרששתת

◻ָ ◻ַ ◻וּ ◻ ◻ִי ◻ִ ◻ ◻ֶ ◻ֶ ◻ֵ ◻ֵי ◻ַ ◻ָי ◻וֹ ◻ ◻ָ

While אִיתָמָר and מָהִיר play גַּע-גַּע, see how many of these ג words you can read!

1. גַּ גֶּ גֹּ גָּ גֱּ גֳּ גְּ

2. גַּן גַּם גֵּר גַּל גַּב גּוּף

3. דַּג חַג אַגַּב סִגְסֵג נַגָּר אֶתְרוֹג גֶּשֶׁם גָּמָל גִּיר

4. גָּדוֹל גִּדֵּל הַגָּדָה דֶּגֶל מְגִילָה רֶגֶל רַגְלַיִם

5. עוּגָה עוּגִיּוֹת עַגְבָנִיָּה בְּגָדִים גִּבּוֹר נָגִילָה

6. גְּמָרָא דֻּגְמָה הִגִּיעַ חֲגוֹרָה מִגְדָּל נִגּוּן סָגֹל

7. גֶּפֶן גָּפֶן הַגָּפֶן בּוֹרֵא פְּרִי הַגָּפֶן גְּמִילוּת חֲסָדִים

Now let's see some glorious ג letters.

Step 2 Step 1

גָּמָל גֶּפֶן

גָּדוֹל

הַגָּדָה

הַגֶּפֶן

Say this fast five times.

גַּנָּן גִּדֵּל דָּגָן בַּגַּן

Every day I used to play with אִיתָמָר. He was getting bigger and speaking only in Hebrew. He now had a little sister, יְמִימָה.
But he still couldn't play with any kids in the neighborhood.
His parents wouldn't let him because the kids didn't know Hebrew.

Avi's Story
as told by מָהִיר

The Hebrew Alphabet

You can now read the names of almost all of the twenty-six Hebrew letters. The two letters in green are the letters you haven't learned yet. Can you guess what they are?

א	אָלֶף	ט	טֵית	פּ	פֵּה
בּ	בֵּית	י	יוֹד	צ	צָדִי
ג	גִּימֶל	כּ	כַּף	ק	קוֹף
ד	דָּלֶת	ל	לָמֶד	ר	רֵישׁ
ה	הֵא	מ	מֵם	שׁ	שִׁין
ו	וָו	נ	נוּן	שׂ	שִׂין
ז	זַיִן	ס	סָמֶךְ	ת	תָּו
ח	חֵית	ע	עַיִן		

Body Parts Review

Match the word to the picture in each section.

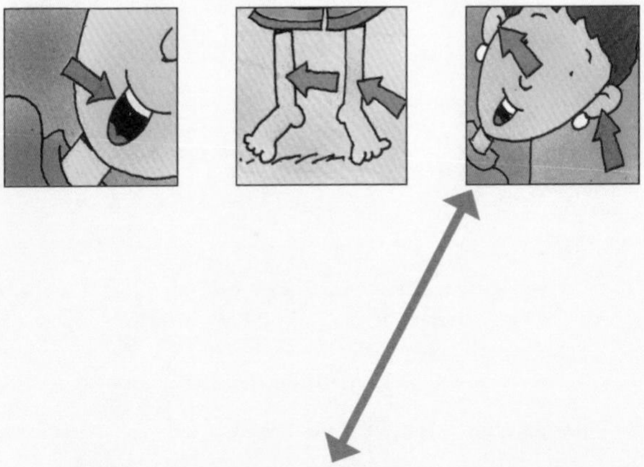

רַגְלַיִם אָזְנַיִם פֶּה

אֹזֶן יָד בֶּרֶךְ

שֵׂעָר אַף תַּחַת

כְּתֵפַיִם עֵינַיִם פָּנִים

אֹזֶן גַּב כְּתֵפַיִם

רַגְלַיִם עַיִן בֶּטֶן

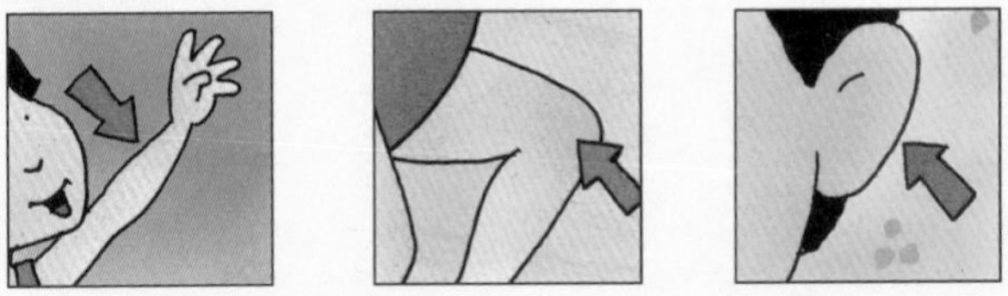

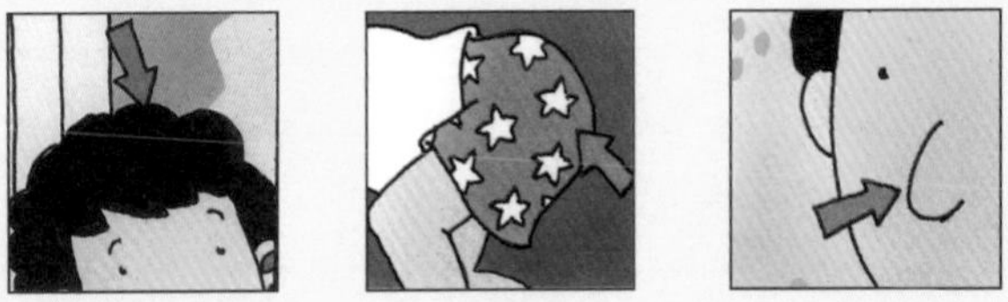

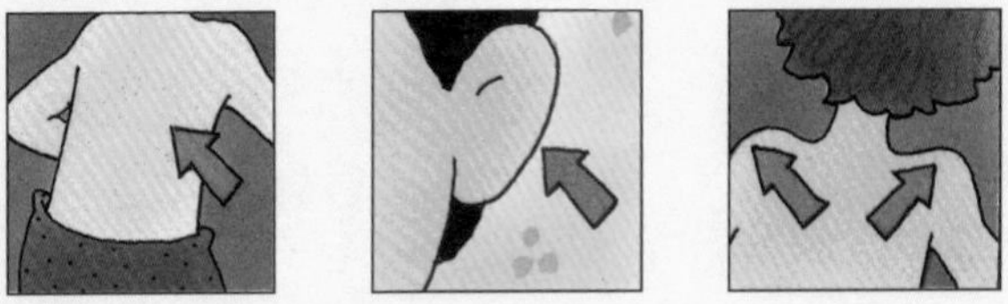

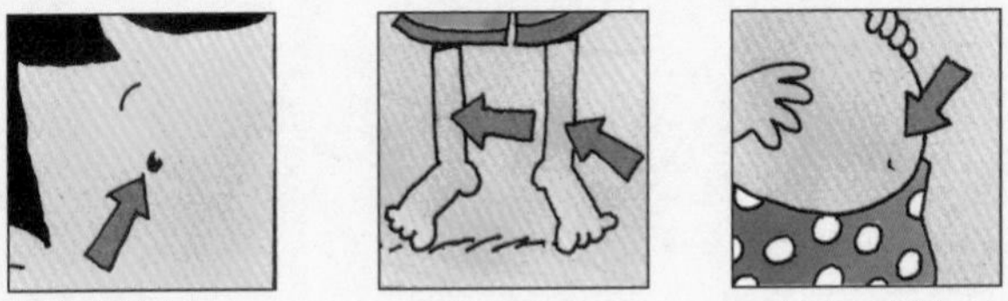

Below are the words for אֶחָד מִי יוֹדֵעַ that we sing at the end of the Passover Seder. How many of these words you can read? Begin by counting off.

1. אַחַת שְׁתַּיִם שָׁלֹשׁ אַרְבַּע חָמֵשׁ שֵׁשׁ שֶׁבַע
2. שְׁמוֹנֶה תֵּשַׁע עֶשֶׂר אַחַת-עֶשְׂרֵה שְׁתֵּים-עֶשְׂרֵה
3. אֶחָד מִי יוֹדֵעַ? אֶחָד אֱלֹהֵינוּ. שְׁנֵי לוּחוֹת הַבְּרִית.
4. שְׁלֹשָׁה אָבוֹת. אַרְבַּע אִמָּהוֹת. חֲמִשָּׁה חֻמְשֵׁי תוֹרָה.
5. שִׁשָּׁה סִדְרֵי מִשְׁנָה. שִׁבְעָה יְמֵי שַׁבְּתָא.
6. שְׁמוֹנָה יְמֵי מִילָה. תִּשְׁעָה יַרְחֵי לֵדָה. עֲשָׂרָה דִבְּרַיָּא.

Avi's Story

as told by מָהִיר

I bet it isn't hard for you to remember a time when someone picked on you. Those are very unhappy memories. It hurts even to remember those times, especially when it's so unfair. This is the saddest thing that ever happened to me.

אִיתָמָר and I were playing in the field near our house. He was throwing a stick, and I was running to find it and bring it back. It was a typical Jerusalem summer day: no clouds, bright sun, everything was perfect.

I didn't hear the other kids coming.

I ran after the stick, and all I could hear was אִיתָמָר calling "רוּץ, מָהִיר, רוּץ."

The stick landed in some thick, very high, dry grass. I started to nose for it there.

Here are some more phrases from the Siddur.

SIDDUR WORDS

1. גּוֹלֵל אוֹר מִפְּנֵי חֹשֶׁךְ וְחֹשֶׁךְ מִפְּנֵי אוֹר

2. בָּרוּךְ אַתָּה יְיָ אֱלֹהֵינוּ מֶלֶךְ הָעוֹלָם בּוֹרֵא פְּרִי הַגָּפֶן

3. הָאֵל הַגָּדוֹל הַגִּבּוֹר וְהַנּוֹרָא אֵל עֶלְיוֹן

4. וְעִם רוּחִי גְּוִיָּתִי יְיָ לִי וְלֹא אִירָא אֲדוֹן עוֹלָם

5. כִּי הֵם חַיֵּינוּ וְאֹרֶךְ יָמֵינוּ וּבָהֶם נֶהְגֶּה יוֹמָם וָלַיְלָה

Eating in a Restaurant

דַּבֵּר עִבְרִית

Do you like french fries? They are called *"chips"* in Israel. How about pizza? Pizza is very popular in Israel, and when you order one slice of pizza, it comes on a piece of cardboard. Coca-Cola is easy to order because Coca-Cola is the same in Hebrew. Don't be disappointed if there is no ice in your glass.

Micah

There are all kinds of restaurants everywhere you turn. You can find sidewalk cafés, small food stands where you can buy a falafel or pizza, restaurants for just coffee and cake, ice cream stands, and fancy restaurants. There is every kind of food in Israel–Israeli food, American food chains such as Burger King, McDonald's and Kentucky Fried Chicken, Italian food, Moroccan food, Chinese food, fish restaurants and even Mexican food.

By now you could guess that the menus in Israel are in Hebrew, but many restaurants also have menus in English. There are both kosher and non-kosher restaurants. A kosher restaurant will have a sign hanging in the window announcing that it is a kosher restaurant. This means that someone is supervising that the food is kosher. Kosher restaurants serve either dairy foods or meat dishes but not the two together.

I think pita is the most important Israeli food. It is a round bread with a big pocket. In some Israeli restaurants there are baskets of pita in the center of the table. There may also be olives, pickles and humus for everyone to eat before the rest of the meal comes.

It is the most fun to eat at a table right on the street. Then you can watch everyone walk by, and everyone walking by can see what you are eating.

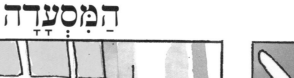

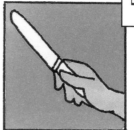

סַכִּין

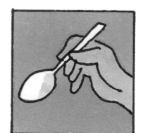

כַּף

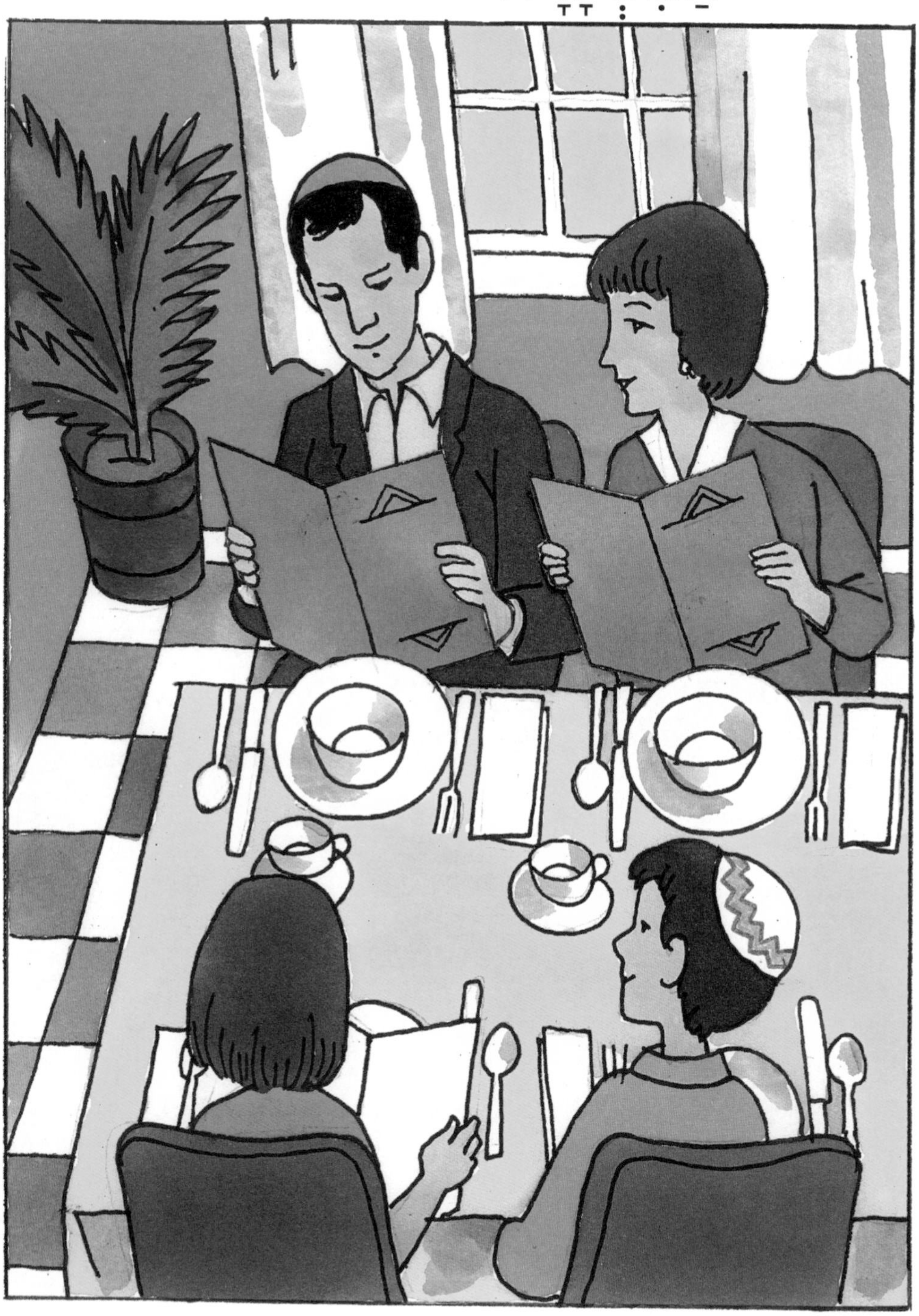

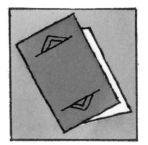

תַּפְרִיט

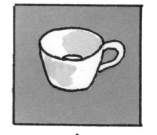

כּוֹס

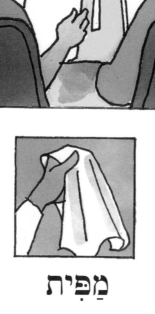

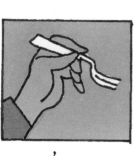

מַפָּה

צַלַּחַת

מַפִּית

מַזְלֵג

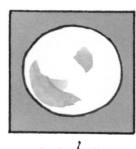

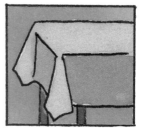

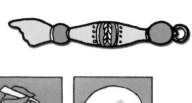

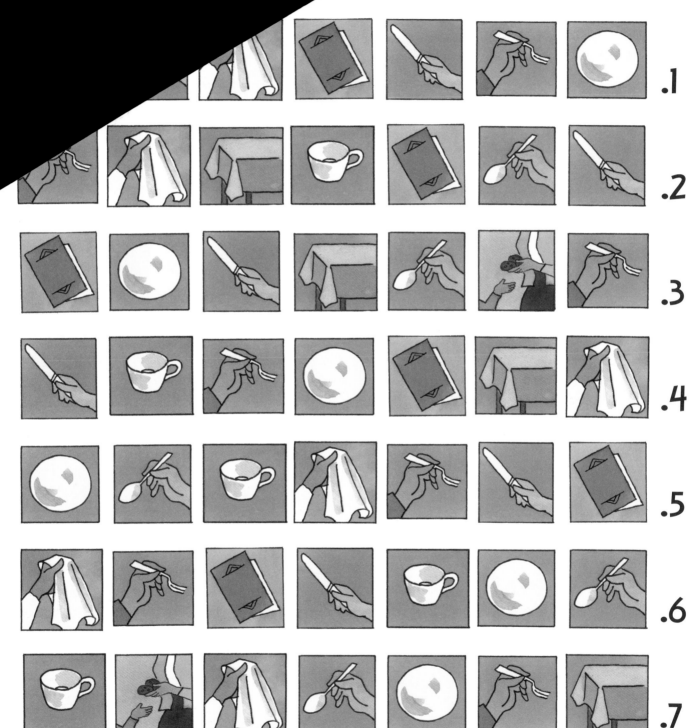

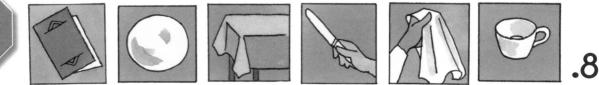

Meet t[...]

קוּף

ק

The letter **קוּף** was
originally a picture of
a head.

ק sounds like KA

קָדוֹשׁ

קְהִלָה

קָטָן

אבבגדהוזחטיכךלמסנןסעפפףצץקרשׁשׂתת

קָ קָ קוֹ קֶ קִי קָ קִ קֵ קֶ קֶ קֵ קִ קַ קֵי קִי קֵי קוֹ קֵי

This is a קוּף.

Some people call it a קוֹף.

The letter ק brings us the root word [קדשׁ], which means "holy."
After you read these words, circle all the words that mean holy.

1. קִי קַ קֳ קוּ קֹ קֶ קַי קֵ
2. קָם קַל קֹר קֵן קָט קוֹל קָבַע קֶבֶר קֹדֶם
3. קְרָא קוֹמָה קָהָל קְהִלָּה קָטָן מְקַיֵּם קְלָלָה
4. קָדוֹשׁ קִדּוּשׁ קַדֵּשׁ קַדִּישׁ קְדֻשָּׁה אֲרוֹן-הַקֹּדֶשׁ
5. קִדֻּשִׁין קֹדֶשׁ מִקְדָּשׁ בֵּית-הַמִּקְדָּשׁ לְשׁוֹן-הַקֹּדֶשׁ

Can you make some cute ק letters?

Step 2 Step 1

ק ק ק ק ק ק ק ק

קָדוֹשׁ קִדּוּשׁ

קוֹל קְהִלָּה

I couldn't see the other kids at first. But I could feel them get angry when they heard אִיתָמָר call me in Hebrew. (Dogs always know what humans are feeling.) One of the kids shouted, "You talk to a dog in Hebrew?" Another one said, "You use the Holy language for a filthy dog?" They weren't speaking Hebrew, of course. so אִיתמר didn't understand what they were saying. All he knew was that other kids were coming to play in the field. He ran toward them. I got scared and ran to אִיתָמָר.

That's when the stones began to fly.

At first I thought they were trying to hurt אִיתָמָר. But they weren't. They hated me, because I was a little dog who knew Hebrew.

There were hundreds of stones. They came from all sides. אִיתָמָר cried, "מָהִיר, מָהִיר," but I couldn't escape. אִיתָמָר picked me up and ran as fast as he could.

Avi's Story
as told by מָהִיר

Here are some more Siddur phrases.

.1 קָדוֹשׁ קָדוֹשׁ קָדוֹשׁ

.2 נְקַדֵּשׁ אֶת שִׁמְךָ בָּעוֹלָם

.3 אַתָּה קָדוֹשׁ וְשִׁמְךָ קָדוֹשׁ

.4 וּקְדוֹשִׁים בְּכָל יוֹם יְהַלְלוּךָ סֶּלָה

.5 בָּרוּךְ אַתָּה יְיָ הָאֵל הַקָּדוֹשׁ

.6 בָּרוּךְ אַתָּה יְיָ מְקַדֵּשׁ הַשַּׁבָּת

Holy, Holy, Holy

The root word [קדשׁ] means "holy." Can you find all the words built out of this root word?

Hint: You will find that other letters and vowels are added to the root word, as in the word מְקַדֵּשׁ.

Vocabulary Jeopardy

Play a game of Jeopardy with some of the vocabulary words you have learned. You know, "I'll take Face Parts for 300 points."

	Body Parts	People in School	Face Parts	Things in a Classroom	Numbers	Food	Things in a Restaurant
100	בֶּטֶן	תַּלְמִיד	אַף	גִּיר	שְׁמוֹנֶה	לֶחֶם	כּוֹס
200	יָד	מוֹרֶה	פֶּה	דֶּלֶת	עֶשֶׂר	חָלָב	כַּף
300	גַּב	מוֹרָה	עַיִן	סֵפֶר	תֵּשַׁע	בָּשָׂר	סַכִּין
400	תַּחַת	תַּלְמִידָה	שֵׂעָר	לוּחַ	שֶׁבַע	תַּפּוּחִים	מַזְלֵג
500	רַגְלַיִם	מְנַהֵל	פָּנִים	עִפָּרוֹן	אֶפֶס	עוּגִיּוֹת	צַלַּחַת
800	כְּתֵפַיִם	מְנַהֶלֶת	אָזְנַיִם	מַחְבֶּרֶת	שְׁתֵּים עֶשְׂרֵה	מְלָפְפוֹן	תַּפְרִיט

עֲצֹר!

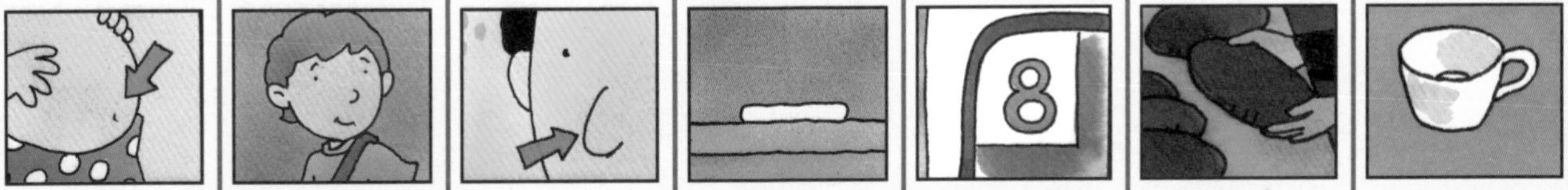

LESSON 20B

With just one letter to go, you know how to write lots of letters and vowels. This is a good time to practice what you know. Write each Siddur phrase on the line beneath it.

1. קָדוֹשׁ קָדוֹשׁ קָדוֹשׁ

2. לְהַדְלִיק נֵר שֶׁל שַׁבָּת

3. מוֹדֶה אֲנִי לְפָנֶיךָ

4. בָּרוּךְ אַתָּה יְיָ אֱלֹהֵינוּ מֶלֶךְ הָעוֹלָם

5. בּוֹרֵא פְּרִי הַגָּפֶן

6. שִׂים שָׁלוֹם טוֹבָה וּבְרָכָה

7. מִזְמוֹר שִׁיר לְיוֹם הַשַּׁבָּת

Look at how many words you know!

1. שׁוֹפָר תּוֹרָה יָד לוּלָב רַב חַלָּה נֵרוֹת

2. רִמּוֹנִים קִדּוּשׁ זִכָּרוֹן וֶרֶד בִּימָה סֻכָּה סִדּוּר

3. נֵר תָּמִיד לֶחֶם מְזוּזָה גֶּשֶׁם אֶתְרוֹג תַּפּוּחַ

4. תְּפִלִּין פָּרוֹכֶת שִׂמְחָה שַׁבָּת רַעֲשָׁן טוֹב

5. עוֹלָם סִינַי לוֹמֵד כַּרְפַּס כִּפָּה קְהִלָּה

6. טַלִּית חֲנֻכִּיָּה זָהָב הַבְדָּלָה דֶּגֶל יִשְׂרָאֵל

7. גָּדוֹל בַּיִת אָדָם שִׂיחָה רֹאשׁ קָדוֹשׁ גָּמָל

8. סְבִיבוֹן מֹשֶׁה כָּבוֹד יוֹסֵף פּוּרִים וַשְׁתִּי הַגָּדָה

Cross out all the words that don't rhyme with the first one.

9.	קֹדֶשׁ	אֹדֶם	הֲדֹם	חֹדֶשׁ	סֹגֶר
10.	חַי	אֱלֹהַי	דַּי	הִיא	שַׁדַּי
11.	מְבָרֵךְ	מִקְדָּשׁ	נְבָרֵךְ	יְבָרֵךְ	לְבָרֵךְ

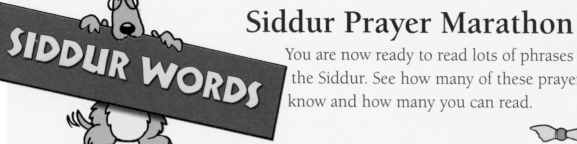

Siddur Prayer Marathon

You are now ready to read lots of phrases from the Siddur. See how many of these prayers you know and how many you can read.

1. מַה טֹּבוּ אֹהָלֶיךָ יַעֲקֹב מִשְׁכְּנֹתֶיךָ יִשְׂרָאֵל

2. מוֹדֶה אֲנִי לְפָנֶיךָ מֶלֶךְ חַי וְקַיָּם

3. שֶׁהֶחֱזַרְתָּ בִּי נִשְׁמָתִי בְּחֶמְלָה רַבָּה אֱמוּנָתֶךָ

4. בָּרְכוּ אֶת יְיָ הַמְבֹרָךְ

5. בָּרוּךְ יְיָ הַמְבֹרָךְ לְעוֹלָם וָעֶד

6. שְׁמַע יִשְׂרָאֵל יְיָ אֱלֹהֵינוּ יְיָ אֶחָד

7. בָּרוּךְ שֵׁם כְּבוֹד מַלְכוּתוֹ לְעוֹלָם וָעֶד

8. מִי כָמֹכָה בָּאֵלִים יְיָ מִי כָּמֹכָה נֶאְדָּר בַּקֹּדֶשׁ

9. נוֹרָא תְהִלֹּת עֹשֵׂה פֶלֶא

10. עוֹשֶׂה שָׁלוֹם בִּמְרוֹמָיו הוּא יַעֲשֶׂה שָׁלוֹם עָלֵינוּ

11. וְעַל כָּל יִשְׂרָאֵל וְאִמְרוּ אָמֵן

12. שָׁלוֹם רָב עַל יִשְׂרָאֵל עַ...

13. שִׂים שָׁלוֹם טוֹבָה וּבְרָכָה חֵן וָחֶ...

14. בַּיּוֹם הַהוּא יִהְיֶה יְיָ אֶחָד וּשְׁמוֹ אֶחָד

15. בָּרוּךְ אַתָּה יְיָ אֱלֹהֵינוּ מֶלֶךְ הָעוֹלָם בּוֹרֵא פְּרִי הַגֶּ...

16. בָּרוּךְ אַתָּה יְיָ אֱלֹהֵינוּ מֶלֶךְ הָעוֹלָם

17. שֶׁהֶחֱיָנוּ וְקִיְּמָנוּ וְהִגִּיעָנוּ לַזְּמַן הַזֶּה

That night I curled up at Avi's feet. He and דְּבוֹרָה had washed my cuts and put bandages on them. אִיתָמָר cried all night.

Avi's Story
as told by מָהִיר

אָבִי was up all night, working on his Hebrew dictionary, inventing new words.

רִיהוּט   furnishing

כְּרוּבִית   cauliflower

and so on and so on. The first Hebrew dog (me) had been hurt that day. But Hebrew would live and get stronger. That's why אָבִי worked extra hard on his dictionary that night. It was his present to me. When I got better, I would have some more beautiful Hebrew words to learn.

And now, you and I will keep Hebrew alive. We'll learn our last Hebrew letter next time we meet.

עֲצֹר!

Me

צָדִי

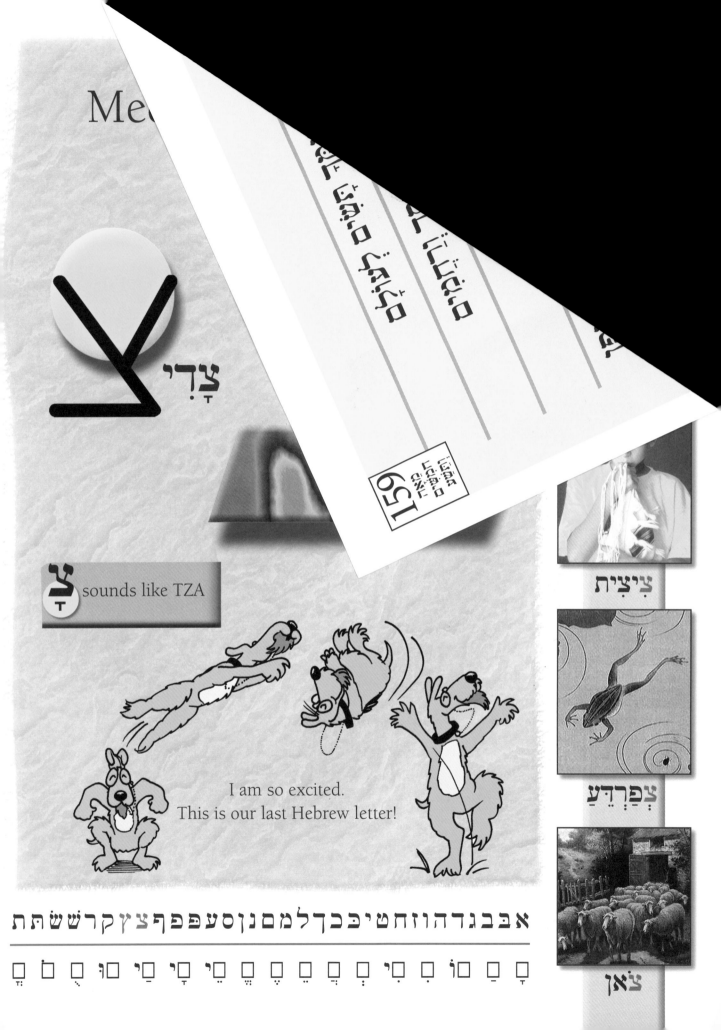

צָ sounds like TZA

I am so excited.
This is our last Hebrew letter!

צִיצִית

צְפַרְדֵּעַ

צֹאן

אבּבגדהוזחטיכּכךלמםנןסעפּפףצץקרשׁשׂתּת

□ָ □ַ □וֹ □ִ □ִי □ְ □ֲ □ֵ □ֶ □ֱ □ֵי □ָי □ַי □וּ □ֻ □ֹ □ֳ

1. צַ צֶ צוֹ צֻ צְ צֹ צֵ צִי צֵי צֵל צָב צַד

2. צִיר צוּר צוֹם צֹאן צֶדֶק צַדִּיק צָדַק צָמִים

3. צְדָקָה צַבָּר צְלִי צִלְצֵל צֶמַח עָצַר

Careful!

4. צָלוּל צֶלֶם חֲצִי צִיצִית הַר צִיּוֹן צִנְצֶנֶת

5. עֵצִים צִפְצוּף הַמּוֹצִיא מַצָּה יוֹם הָעַצְמָאוּת

Pleaze make tzome tzatisfactory צ lettertz.

Step 2 Step 1

צ צ צ צ צ צ צ צ

צֶדֶק מַצָּה

צְדָקָה צִלְצֵל

Your Final Final

This ץ is a צָדִי סוֹפִית.

Practice these words and phrases.

1. עֵץ בֹּץ גֵּץ קֵץ מִיץ צִיץ חָלוּץ מֵלִיץ

2. אֶרֶץ הָאָרֶץ אֶרֶץ יִשְׂרָאֵל אֶרֶץ זָבַת חָלָב וּדְבַשׁ

3. עֵץ חַיִּים הִיא לַמַּחֲזִיקִים בָּהּ וְתוֹמְכֶיהָ מְאֻשָּׁר

Finally, it's your turn.

Step 2 Step 1

ץ ץ ץ ץ ץ ץ ץ

עֵץ אֶרֶץ

בֹּץ צִץ

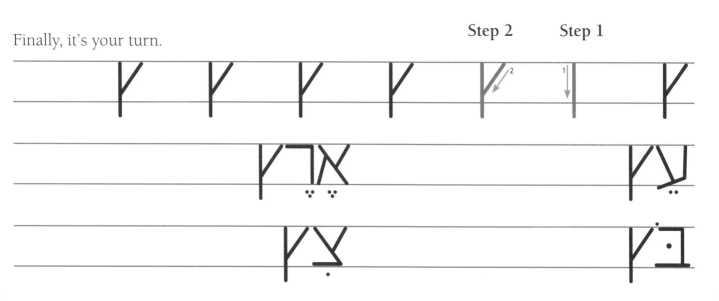

Here are some **בְּרָכוֹת** that we say. Some are said before or after eating.
Some are said for special things. Just read line 1 before each of the other lines.

1. בָּרוּךְ אַתָּה יְיָ אֱלֹהֵינוּ מֶלֶךְ הָעוֹלָם

2. הַמּוֹצִיא לֶחֶם מִן הָאָרֶץ.

3. בּוֹרֵא פְּרִי הַגָּפֶן.

4. בּוֹרֵא פְּרִי הָעֵץ.

5. בּוֹרֵא פְּרִי הָאֲדָמָה.

6. הַזָּן אֶת הַכֹּל.

7. בּוֹרֵא מִינֵי מְזוֹנוֹת.

8. שֶׁהַכֹּל נִהְיֶה בִּדְבָרוֹ.

9. שֶׁהֶחֱיָנוּ וְקִיְּמָנוּ וְהִגִּיעָנוּ לַזְּמַן הַזֶּה.

10. עוֹשֶׂה מַעֲשֵׂה בְרֵאשִׁית.

11. שֶׁכֹּחוֹ וּגְבוּרָתוֹ מָלֵא עוֹלָם.

12. זוֹכֵר הַבְּרִית וְנֶאֱמָן בִּבְרִיתוֹ וְקַיָּם בְּמַאֲמָרוֹ.

עֲצֹר!

Marathon Time

1. עֵץ עֵצִים עֵץ חַיִּים מַצָּה אֶצְבָּע בֵּיצָה

2. קָטָן צִיצִית צְדָקָה צְפַרְדֵּעַ צֹאן

3. וָו זֶרַע כֹּתֶל מֹשֶׁה פְּרִי ט״ו בִּשְׁבַט

4. גְּמִילוּת חֲסָדִים בֵּית כְּנֶסֶת אֲרוֹן הַקּוֹדֶשׁ

5. אָדָם בְּרֵאשִׁית גֶּשֶׁם דֹּב הַלְלוּיָהּ

6. חֲבֵרִים יִשְׂרָאֵל לְשָׁנָה הַבָּאָה בִּירוּשָׁלַיִם

Believe it or not—one last lesson

Did you remember that sometimes dots are not pronounced? תּ=ת

So if ו already has a vowel—וָ, don't pronounce the other dot—וָּ.

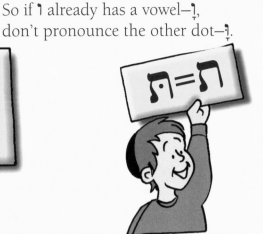

Riddle

If וּ is "oo"
and וָ is "va,"
what's this: וָּ?
Answer: וָּ=VA

וָּ

תּ=ת

1. וַּ וּוֹ וֵּ וִּי עִוֵּר לִוָּה חַוָּה שִׁוּוּ

2. צִוָּה מְצַוֶּה צִוִּיתִיךָ כַּוָּנָה כִּוּוּן כַּוֶּרֶת

Riddle

How do you say
עָוֹן?
Answer: Ahvone.

Since the ע already has a vowel עָ and can't have two vowels, this וֹ is a ו (sounds like a "v") with its own vowel ˙ (sounds like oh!)

מִצְווֹת
מִצְוֹת
תִּקְווֹת
תִּקְוֹת

Q: When is a י silent?
A: In these words. Don't say the י at all!

3. שִׁירָיו סוּסָיו קוֹרְאָיו שׁוֹמְרָיו אוֹהֲבָיו

4. בָּנָיו וְזוֹכְרָיו בִּמְרוֹמָיו מִצְוֹתָיו בְּמִצְוֹתָיו

Here are some more בְּרָכוֹת. We say these when we do something that is a מִצְוָה, a commandment. Just read lines 1 and 2 before each of the other lines. Can you guess when we say each בְּרָכָה?

1. בָּרוּךְ אַתָּה יְיָ אֱלֹהֵינוּ מֶלֶךְ הָעוֹלָם
2. אֲשֶׁר קִדְּשָׁנוּ בְּמִצְוֹתָיו וְצִוָּנוּ
3. לְהַדְלִיק נֵר שֶׁל שַׁבָּת.
4. לְהַדְלִיק נֵר שֶׁל חֲנֻכָּה.
5. עַל מִקְרָא מְגִלָּה.
6. עַל אֲכִילַת מַצָּה.
7. עַל אֲכִילַת מָרוֹר.
8. לִשְׁמוֹעַ קוֹל שׁוֹפָר.
9. לֵישֵׁב בַּסֻּכָּה.
10. עַל נְטִילַת לוּלָב.
11. לִקְבּוֹעַ מְזוּזָה.

הַתִּקְוָה

Here's the National Anthem of Israel. You can now read it and perhaps you can even sing it!

1. כָּל עוֹד בַּלֵּבָב פְּנִימָה
2. נֶפֶשׁ יְהוּדִי הוֹמִיָּה.
3. וּלְפַאֲתֵי מִזְרָח קָדִימָה
4. עַיִן לְצִיּוֹן צוֹפִיָּה.
5. עוֹד לֹא אָבְדָה תִּקְוָתֵנוּ.
6. הַתִּקְוָה שְׁנוֹת אַלְפַּיִם.
7. לִהְיוֹת עַם חָפְשִׁי בְּאַרְצֵנוּ
8. אֶרֶץ צִיּוֹן וִירוּשָׁלַיִם.

Have you ever been to Israel? If you have, you probably visited Ben Yehudah Street. Ben Yehudah Street, Tel Aviv. Ben Yehudah Street, Jerusalem. It seems that every city in Israel has a Ben Yehudah Street. אָבִי certainly is famous.

אָבִי worked hard, day and night. He finished five huge books of his dictionary. He created thousands of Hebrew words. When he came to the Land of Israel (אֶרֶץ יִשְׂרָאֵל), most of the people could not speak Hebrew. Today, Israel's millions of people speak עִבְרִית.

Avi's Story as told by מָהִיר

אָבִי worked late his last night. It was the first night of חֲנֻכָּה, 1922—a long time ago. He had just finished writing about a word in his dictionary.

soul, spirit = נֶפֶשׁ

Many people honored אָבִי when he died. He had eleven children. By that time אִיתָמָר was grown up. He was famous, too—a famous writer of Hebrew.

And I became the most famous Hebrew dog ever. I have a special wish. You are almost through with my book. But you aren't through learning עִבְרִית.

My wish is that you keep learning more and more עִבְרִית. That would make אָבִי, אִיתָמָר and דְּבוֹרָה very happy and proud.

It would make me very happy and proud. Then, the next time you see a lovable little dog, you can say,

שָׁלוֹם, כֶּלֶב! שְׁמִי _____

עֲצֹר!

Brakhot for Friday Night

Over Shabbat candles.

1. בָּרוּךְ אַתָּה יְיָ אֱלֹהֵינוּ מֶלֶךְ הָעוֹלָם
2. אֲשֶׁר קִדְּשָׁנוּ בְּמִצְוֹתָיו וְצִוָּנוּ
3. לְהַדְלִיק נֵר שֶׁל שַׁבָּת.

Kiddush over the wine.

4. בָּרוּךְ אַתָּה יְיָ אֱלֹהֵינוּ מֶלֶךְ הָעוֹלָם בּוֹרֵא פְּרִי הַגָּפֶן.

5. בָּרוּךְ אַתָּה יְיָ אֱלֹהֵינוּ מֶלֶךְ הָעוֹלָם
6. אֲשֶׁר קִדְּשָׁנוּ בְּמִצְוֹתָיו וְרָצָה בָנוּ,
7. וְשַׁבַּת קָדְשׁוֹ בְּאַהֲבָה וּבְרָצוֹן הִנְחִילָנוּ
8. זִכָּרוֹן לְמַעֲשֵׂה בְרֵאשִׁית.
9. כִּי הוּא יוֹם תְּחִלָּה לְמִקְרָאֵי קֹדֶשׁ, זֵכֶר לִיצִיאַת מִצְרָיִם.
10. כִּי בָנוּ בָחַרְתָּ וְאוֹתָנוּ קִדַּשְׁתָּ מִכָּל הָעַמִּים
11. וְשַׁבַּת קָדְשְׁךָ בְּאַהֲבָה וּבְרָצוֹן הִנְחַלְתָּנוּ.
12. בָּרוּךְ אַתָּה יְיָ מְקַדֵּשׁ הַשַּׁבָּת.

Ha-Motzi (over the Hallah).

13. בָּרוּךְ אַתָּה יְיָ אֱלֹהֵינוּ מֶלֶךְ הָעוֹלָם
14. הַמּוֹצִיא לֶחֶם מִן הָאָרֶץ.

מַה טֹּבוּ

1. מַה טֹּבוּ אֹהָלֶיךָ יַעֲקֹב מִשְׁכְּנֹתֶיךָ יִשְׂרָאֵל.

2. וַאֲנִי בְּרֹב חַסְדְּךָ אָבוֹא בֵיתֶךָ

3. אֶשְׁתַּחֲוֶה אֶל הֵיכַל קָדְשְׁךָ בְּיִרְאָתֶךָ.

שְׁמַע וְאָהַבְתָּ

4. שְׁמַע יִשְׂרָאֵל יְיָ אֱלֹהֵינוּ יְיָ אֶחָד.

5. בָּרוּךְ שֵׁם כְּבוֹד מַלְכוּתוֹ לְעוֹלָם וָעֶד.

6. וְאָהַבְתָּ אֵת יְיָ אֱלֹהֶיךָ

7. בְּכָל לְבָבְךָ וּבְכָל נַפְשְׁךָ וּבְכָל מְאֹדֶךָ.

8. וְהָיוּ הַדְּבָרִים הָאֵלֶּה,

9. אֲשֶׁר אָנֹכִי מְצַוְּךָ הַיּוֹם עַל לְבָבֶךָ.

10. וְשִׁנַּנְתָּם לְבָנֶיךָ וְדִבַּרְתָּ בָּם בְּשִׁבְתְּךָ בְּבֵיתֶךָ,

11. וּבְלֶכְתְּךָ בַדֶּרֶךְ, וּבְשָׁכְבְּךָ וּבְקוּמֶךָ.

12. וּקְשַׁרְתָּם לְאוֹת עַל יָדֶךָ, וְהָיוּ לְטֹטָפֹת בֵּין עֵינֶיךָ.

13. וּכְתַבְתָּם עַל מְזֻזוֹת בֵּיתֶךָ וּבִשְׁעָרֶיךָ.

Torah Brakhot

Before the Torah Reading

Reader
1. בָּרְכוּ אֶת יְיָ הַמְבֹרָךְ!

Congregation
2. בָּרוּךְ יְיָ הַמְבֹרָךְ לְעוֹלָם וָעֶד.

Reader
3. בָּרוּךְ יְיָ הַמְבֹרָךְ לְעוֹלָם וָעֶד.

4. בָּרוּךְ אַתָּה יְיָ אֱלֹהֵינוּ מֶלֶךְ הָעוֹלָם

5. אֲשֶׁר בָּחַר בָּנוּ מִכָּל הָעַמִּים

6. וְנָתַן לָנוּ אֶת תּוֹרָתוֹ.

7. בָּרוּךְ אַתָּה יְיָ נוֹתֵן הַתּוֹרָה.

After the Torah Reading

8. בָּרוּךְ אַתָּה יְיָ אֱלֹהֵינוּ מֶלֶךְ הָעוֹלָם

9. אֲשֶׁר נָתַן לָנוּ תּוֹרַת אֱמֶת

10. וְחַיֵּי עוֹלָם נָטַע בְּתוֹכֵנוּ

11. בָּרוּךְ אַתָּה יְיָ נוֹתֵן הַתּוֹרָה.

וְזֹאת הַתּוֹרָה

12. וְזֹאת הַתּוֹרָה אֲשֶׁר שָׂם מֹשֶׁה

13. לִפְנֵי בְּנֵי יִשְׂרָאֵל עַל פִּי יְיָ בְּיַד מֹשֶׁה.

עֵץ חַיִּים הִיא

1. עֵץ חַיִּים הִיא לַמַּחֲזִיקִים בָּהּ וְתוֹמְכֶיהָ מְאֻשָּׁר

2. דְּרָכֶיהָ דַרְכֵי נֹעַם, וְכָל נְתִיבוֹתֶיהָ שָׁלוֹם.

3. הֲשִׁיבֵנוּ יְיָ אֵלֶיךָ וְנָשׁוּבָה, חַדֵּשׁ יָמֵינוּ כְּקֶדֶם.

עָלֵינוּ

4. עָלֵינוּ לְשַׁבֵּחַ לַאֲדוֹן הַכֹּל

5. לָתֵת גְּדֻלָּה לְיוֹצֵר בְּרֵאשִׁית

6. שֶׁלֹּא עָשָׂנוּ כְּגוֹיֵי הָאֲרָצוֹת

7. וְלֹא שָׂמָנוּ כְּמִשְׁפְּחוֹת הָאֲדָמָה.

8. שֶׁלֹּא שָׂם חֶלְקֵנוּ כָּהֶם

9. וְגוֹרָלֵנוּ כְּכָל הֲמוֹנָם.

10. וַאֲנַחְנוּ כּוֹרְעִים וּמִשְׁתַּחֲוִים וּמוֹדִים

11. לִפְנֵי מֶלֶךְ מַלְכֵי הַמְּלָכִים הַקָּדוֹשׁ בָּרוּךְ הוּא.

13. וְנֶאֱמַר וְהָיָה יְיָ לְמֶלֶךְ עַל כָּל הָאָרֶץ.

14. בַּיּוֹם הַהוּא יִהְיֶה יְיָ אֶחָד וּשְׁמוֹ אֶחָד.

אֵין כֵּאלֹהֵינוּ

1. אֵין כֵּאלֹהֵינוּ   אֵין כַּאדוֹנֵינוּ
2. אֵין כְּמַלְכֵּנוּ   אֵין כְּמוֹשִׁיעֵנוּ
3. מִי כֵאלֹהֵינוּ   מִי כַאדוֹנֵינוּ
4. מִי כְמַלְכֵּנוּ   מִי כְמוֹשִׁיעֵנוּ
5. נוֹדֶה לֵאלֹהֵינוּ   נוֹדֶה לַאדוֹנֵינוּ
6. נוֹדֶה לְמַלְכֵּנוּ   נוֹדֶה לְמוֹשִׁיעֵנוּ
7. בָּרוּךְ אֱלֹהֵינוּ   בָּרוּךְ אֲדוֹנֵינוּ
8. בָּרוּךְ מַלְכֵּנוּ   בָּרוּךְ מוֹשִׁיעֵנוּ
9. אַתָּה הוּא אֱלֹהֵינוּ   אַתָּה הוּא אֲדוֹנֵינוּ
10. אַתָּה הוּא מַלְכֵּנוּ   אַתָּה הוּא מוֹשִׁיעֵנוּ

מוֹדֶה (מוֹדָה) אֲנִי

11. מוֹדֶה (מוֹדָה) אֲנִי לְפָנֶיךָ מֶלֶךְ חַי וְקַיָּם
12. שֶׁהֶחֱזַרְתָּ בִּי נִשְׁמָתִי בְּחֶמְלָה רַבָּה אֱמוּנָתֶךָ.

The Four Questions

1. מַה נִּשְׁתַּנָּה הַלַּיְלָה הַזֶּה מִכָּל הַלֵּילוֹת?

2. שֶׁבְּכָל הַלֵּילוֹת אָנוּ אוֹכְלִין חָמֵץ וּמַצָּה
3. הַלַּיְלָה הַזֶּה כֻּלּוֹ מַצָּה.

4. שֶׁבְּכָל הַלֵּילוֹת אָנוּ אוֹכְלִין שְׁאָר יְרָקוֹת
5. הַלַּיְלָה הַזֶּה מָרוֹר.

6. שֶׁבְּכָל הַלֵּילוֹת אֵין אָנוּ מַטְבִּילִין אֲפִילוּ פַּעַם אֶחָת
7. הַלַּיְלָה הַזֶּה שְׁתֵּי פְעָמִים.

8. שֶׁבְּכָל הַלֵּילוֹת אָנוּ אוֹכְלִין בֵּין יוֹשְׁבִין וּבֵין מְסֻבִּין
9. הַלַּיְלָה הַזֶּה כֻּלָּנוּ מְסֻבִּין.